Editado por Rajiv Mehrotra

CONVERSAS COM O DALAI LAMA

Sobre felicidade, sofrimento, o propósito da vida e mais

Tradução
Paulo Afonso

FONTANAR

Grafia atualizada segundo o Acordo Ortográfico da Língua Portuguesa de 1990, que entrou em vigor no Brasil em 2009.

Todos os direitos desta edição reservados à
EDITORA OBJETIVA LTDA.
Rua Cosme Velho, 103
Rio de Janeiro — RJ — CEP: 22241-090
Tel.: (21) 2199-7824 — Fax: (21) 2199-7825
www.objetiva.com.br

Título original
All You Ever Wanted to Know from His Holiness the Dalai Lama on Happiness, Life, Living, and Much More

Capa
Marianne Lépine

Imagem de capa
Chuck Nacke/Alamy

Revisão
Lilia Zanetti
Eduardo Carneiro
Talita Papoula

Editoração eletrônica
Filigrana

CIP-BRASIL. CATALOGAÇÃO-NA-FONTE
SINDICATO NACIONAL DOS EDITORES DE LIVROS, RJ

D138c
Dalai Lama
Conversas com o Dalai Lama : sobre felicidade, sofrimento, o propósito da vida e mais / editado por Rajiv Mehrotra ; tradução Paulo Afonso. - Rio de Janeiro : Objetiva, 2012.

Tradução de: *All you ever wanted to know from his holiness the Dalai Lama on happiness, live, living, and much more*
255p. ISBN 978-85-390-0288-7

1. Dalai Lama, 1935-. - Entrevistas. 2. Budismo. I. Mehrotra, Rajiv, 1953-. II. Título.

11-4692. CDD: 294.3
CDU: 24-1

CONVERSAS COM O
DALAI LAMA

FONTANAR

Este livro é dedicado...

A todas as pessoas sensíveis
que nós possamos juntos encontrar a felicidade
e evitar o sofrimento

Aos muitos mestres espirituais
que com infinita paciência
e profunda compaixão
têm generosamente compartilhado
sua percepção e sabedoria
com um iniciante tão humilde

E em especial a
Sua Santidade o Dalai Lama
&
B. K. S. Iyengar
Falecido Swami Ranganathananda
Falecido Baba Amte

SUMÁRIO

Introdução 9

Capítulo 1: A Religião no Mundo Moderno 19
Capítulo 2: Budismo 31
Capítulo 3: O Papel do Guru 41
Capítulo 4: Compaixão e Felicidade 53
Capítulo 5: Sofrimento 67
Capítulo 6: Motivação no Caminho Espiritual 77
Capítulo 7: Carma 85
Capítulo 8: Reencarnação 95
Capítulo 9: Nirvana/*Moksha* 109
Capítulo 10: Consciência 123
Capítulo 11: *Shunyata* 133
Capítulo 12: Fenômenos 147
Capítulo 13: O Poder da Meditação e da Visualização 161
Capítulo 14: A Arte Tibetana de Treinar a Mente 187
Capítulo 15: A Ciência da Mente 195
Capítulo 16: Política de Conflitos e Religião 209
Capítulo 17: Responsabilidade Universal 215
Capítulo 18: A Questão Tibetana 223

Agradecimentos 245

Fundação para a Responsabilidade Universal
Obra de Sua Santidade o Dalai Lama 249

Sobre o Dalai Lama 253
Sobre Rajiv Mehrotra 255

INTRODUÇÃO

O Dalai Lama é uma personalidade da maior relevância no centro ético e moral de um mundo interdependente e globalizado, pois em tudo o que faz, representa e incorpora consegue reconciliar aparentes contradições com notável facilidade. Ao defender os direitos humanos do povo tibetano e a preservação de sua cultura, Sua Santidade não almeja a independência política – nem mesmo como parâmetro de negociação –, e sim uma genuína autonomia e o compromisso de trabalhar juntamente com o "grande povo chinês". Embora seja um líder religioso considerado por milhões de pessoas a reencarnação de Buda, ele adora contar suas fraquezas. E aconselha prudência aos que desejam abandonar as próprias crenças, mesmo quando pretendem se converter à fé que ele professa. Além de apaixonado ativista do movimento interconfessional, ele é doutor em metafísica e defende vigorosamente um diálogo com a ciência moderna, esforçando-se para aprender com ela.

O Dalai Lama terá êxito em suas muitas batalhas se acreditarmos no triunfo final do que ele representa: tudo o que é bom, verdadeiro e justo.

A palavra impressa jamais poderá substituir uma conversa com Sua Santidade, que se comunica em diversos níveis, nem o impacto de suas palavras, que vão muito além do significado formal registrado nos dicionários e penetram fundo em nossa consciência. Isto ocorre mesmo quando ele fala no que descreve como seu "mau inglês", sempre recorrendo ao seu intérprete ou seu secretário pessoal para verificar se está usando a palavra certa. Quando fala em tibetano, explicando uma ideia complexa que precisa ser traduzida, não aceita passivamente a tradução oferecida e frequentemente intervém para sugerir uma versão melhor ou mais correta.

Ele possui uma incrível capacidade para responder a uma pergunta, ou entabular uma conversa, no nível de entendimento de seu interlocutor. Quando não consegue responder desse modo, ou quando acredita sinceramente que não tem resposta, não hesita em dizer apenas: "eu não sei."

Somente em sua presença podemos fazer ideia de sua profunda humanidade; podemos ouvir sua risada profunda e sonora, podemos conhecer sua contagiante alegria e seu ameno senso de humor... e o fluxo interminável de uma energia tranquila, cálida e confiante, que nenhum texto pode reproduzir.

O Dalai Lama ouve todas as pessoas e conversa com elas. Muitas aguardam pacientemente durante horas, semanas – até mesmo anos – para passar alguns momentos em sua companhia. Em todas as conversas, ele demonstra paciência, concentração e um grande respeito pela outra pessoa. Seus interlocutores podem ser recém-chegados do Tibete, que muitas vezes, arriscando suas vidas, vêm a Dharamsala apenas para ter apenas um vislumbre dele; podem ser pessoas comuns, com as quais ele se depara em saguões de hotéis, elevadores, calçadas e aviões, quando viaja pelo mundo; ou podem ser políticos veteranos, jornalistas calejados, monges noviços ou graduados, cientistas ou filósofos, ateus ou pessoas de profunda fé, mendigos das ruas ou magnatas em suas mansões – para o Dalai Lama são todos seres humanos, que desejam alcançar a felicidade e evitar o sofrimento.

Este livro de entrevistas com Sua Santidade é uma coletânea de suas opiniões e ideias, registradas e documentadas por mais de 25 anos. Tive a bênção e o privilégio de ter sido seu aluno durante um breve momento na eternidade infinita em que sinto que o conheço. Embora nossas conversas geralmente tenham sido particulares, algumas foram travadas em grupo e outras, ainda, gravadas para meu duradouro programa *Em Conversa*, veiculado pela rede pública de televisão da Índia.

Quase todas as primeiras entrevistas com Sua Santidade foram realizadas em seus aposentos particulares ou no salão de audiências de McLeod Ganj, na Índia, sede do governo tibetano no exílio. No início, eu anotava nossas conversas quando retornava ao meu quarto, depois que o surto de emoção e epifania gerado pelo encontro se estabilizava e o frenesi dos momentos vividos começava a se desvanecer.

Sentia então que precisava registrar cada palavra, cada momento, antes que a memória me traísse. Eu não tinha outro objetivo senão meu próprio aprendizado e esclarecimento. Ao longo dos anos, à medida que a tecnologia foi se tornando mais acessível para mim, comecei a usar um gravador quando minhas audiências com ele eram mais formais ou envolviam outras pessoas.

Em nenhuma das entrevistas, coloquei-me na posição de jornalista. O Dalai Lama sempre foi meu guru e eu, um humilde *chela* – para usar o termo sânscrito tradicional. Utilizo estas palavras para demonstrar, sobretudo no contexto do livro, a intensidade de minha dedicação ao nosso relacionamento, e para louvar a generosidade com que ele partilhou comigo seu tempo, seus ensinamentos e sua sabedoria.

Sei que o Dalai Lama não aprovaria minha atitude acrítica, mas aprovaria meu registro de suas palavras, tanto para mim mesmo quanto para outras pessoas. Dentro das antigas tradições budistas, ele insiste sempre em que não aceitemos nenhuma filosofia ou professor com base em uma capitulação não questionadora. Mesmo que uma filosofia possa ser útil em um contexto espiritual, deve ser analisada à luz da razão e da lógica. Sua Santidade pede que olhemos para ele, assim como para todas as coisas, com essa perspectiva. E pediria, como eu peço, que tal perspectiva seja aplicada a este livro.

Durante nossas "audiências" particulares, já que não havia mais ninguém presente, nossas conversas eram mais intensas e íntimas. Uso deliberadamente a palavra *conversa* porque Sua Santidade está sempre profundamente interessado na pessoa com quem está falando – na verdade, na vida cotidiana e nas dificuldades de todos os indivíduos. O fato de que tenha encontrado tempo e demonstrado legítima curiosidade para ouvir minhas fúteis trivialidades e responder às minhas perguntas é um tributo às suas notáveis qualidades de empatia, paciência e compaixão. Apresso-me em dizer ao leitor que fiz o possível para me excluir do texto. Tomei também a liberdade de reorganizar o material, de modo a garantir um fluxo de ideias mais coerente e estruturado do que meu cérebro incoerente poderia conseguir durante o verdadeiro desdobramento das conversas.

A espontaneidade do Dalai Lama se reflete em sua maneira de falar. Quando ele fala, suas palavras refletem os conhecimentos e as experiências que adquiriu ao longo da vida. Ele se concentra mais na integridade e clareza de sua comunicação do que na fluidez das construções frasais. Raramente utiliza palavras e frases já programadas em sua memória, mesmo quando responde a perguntas a que já respondeu mil vezes antes. Cada frase sua é uma nova descoberta pessoal e um gesto de respeito para com seu interlocutor.

Sua Santidade não costuma escrever em inglês. Os livros e artigos que assina são geralmente traduções de ensinamentos orais ou material ditado em tibetano. Seu inglês falado necessita de substanciais revisões para ser impresso. Devido à diversidade de pessoas que fazem este trabalho – que inclui diferentes intérpretes simultâneos –, não existe nenhum estilo ou vocabulário consistente, e talvez nunca venha a existir.

É inevitável que isto acarrete inconsistências que podem ser desconcertantes para o leitor, sobretudo por estarem no mesmo livro. Tentei eliminá-las até certo ponto, mas não obtive sucesso total. Relutei muito em utilizar uma abordagem agressiva para ajustar algumas passagens, principalmente no que se refere ao darma, que foram traduzidas pelos intérpretes de Sua Santidade. Sou, é claro, responsável por quaisquer erros ainda existentes.

Recentemente – enquanto eu ainda preparava este texto para ser publicado – o Dalai Lama completou 73 anos de idade, dos quais quase cinquenta passados no exílio. Para ele foi apenas mais um dia, mas ele pediu à comunidade tibetana e aos muitos de nós que o louvamos todos os dias que redirigíssemos nossas atenções para nos tornarmos seres humanos melhores, para desenvolvermos uma verdadeira compaixão e um genuíno altruísmo, e para trabalharmos no sentido de reduzir nosso ego, de modo a melhor servirmos aos outros. Isto, segundo ele, seria o melhor presente de aniversário que ele poderia receber.

O futuro do Tibete parece sombrio. Os enviados especiais de Sua Santidade acabam de retornar da sétima rodada de conversações com os chineses, mais uma vez sem nenhum resultado produtivo. Os contínuos triunfos militares e econômicos da China, após longos anos de desesperança, geraram, ao mesmo tempo, regozijo e desespero. Os protestos dos tibetanos na China – não obstante a dominação orwelliana do governo do país, nem as demonstrações contra a tocha olímpica realizadas no mundo livre, por onde quer que esta passasse – são um lembrete de que a causa tibetana está viva, implorando à nossa consciência coletiva que enfrente a teimosa intimidação dos chineses.

Por ironia, foi preciso que imagens da violência fossem divulgadas em todo o mundo pela televisão para que nos lembrássemos do poder singular de um pacífico monge budista. Vivendo como convidado em um país estrangeiro, ele mantém viva a causa de seu povo. E o faz com uma profunda dedicação à não violência, fruto de uma tradição tão enganadoramente simples quanto ele mesmo.

Inspirado por Mahatma Gandhi, para quem os meios eram mais importantes que os fins, o Dalai Lama acredita que o mais importante é a motivação por trás das ações de alguém (o que inclui a violência). Ele argumenta: "A violência é fundamentalmente errada. Mas em algumas circunstâncias excepcionais, com motivação altruísta e quando não houver alternativa, alguém pode, de forma consciente e com uma compreensão total das consequências cármicas pessoais, cometer um ato de violência."

O Dalai Lama reza para os chineses, para que seus "véus de ignorância" desapareçam, e pede a todos nós – principalmente aos tibetanos que são vítimas da opressão chinesa – que façamos a mesma coisa. Ele decepcionou dezenas de milhares de tibetanos, em especial os da nova geração, com sua recusa em apoiar os violentos protestos contra o domínio chinês no Tibete (embora compreenda as "frustrações" deles) e o boicote às Olimpíadas de 2008, por achar que o povo chinês tinha o direito de realizá-las.

Ele estava sentado ao lado do primeiro-ministro de seu governo no exílio quando as notícias de novas violências no Tibete lhe foram comunicadas pela primeira vez. Na condição de "Buda Vivo", reagiu com lágrimas e intensa emoção. Mas depois nos assegurou que, com seus anos de prática e treinamento budista, foi capaz de se distanciar o bastante dos acontecimentos presentes e ter uma boa noite de sono.

Ele tem falado cada vez mais sobre sua iminente aposentadoria; sobre as questões da sucessão; sobre seu compromisso de procurar a reencarnação sob qualquer forma, de qualquer maneira ou em qualquer lugar, desde que esta lhe proporcione o melhor contexto para servir à humanidade. Como monge budista, um *bodisatva*, esta busca está no cerne de suas aspirações. Haverá outro Dalai Lama se a situação assim o exigir. A instituição em si não é importante. Vitais são o futuro do povo tibetano e a preservação de sua antiga cultura, que deu origem a algumas das mais sofisticadas técnicas de treinamento mental e de busca da verdadeira felicidade – que pertencem a toda a humanidade.

Ao entregar este livro aos editores, lembrei-me de que os verdadeiros mestres são aqueles que têm a coragem de ser intensamente humanos, de reconhecer suas fragilidades e dificuldades, lutando contra seus próprios véus de ignorância, enquanto pedem aos outros que façam o mesmo. Estas conversas com o Dalai Lama nos asseguram de que sua jornada e suas conquistas ainda podem ser as nossas.

As seguintes entrevistas
foram realizadas durante mais de 25 anos,
entre 1982 e 2008.

Nota do editor: nos diálogos a seguir, as perguntas feitas por Rajiv Mehrotra estão em itálico, e SS: precede as respostas de Sua Santidade, o Dalai Lama.

CAPÍTULO 1

A RELIGIÃO NO MUNDO MODERNO

Vossa Santidade, qual a importância da religião no mundo moderno? Precisamos realmente dela?

SS: A influência da religião ocorre principalmente em nível individual. Independentemente da fé ou da filosofia, a transformação se processa no interior de cada um. De certa forma, a religião deve nos dar esperanças. Materialmente, muitos já perderam as esperanças. No entanto, em um patamar mais profundo, a fé mantém as esperanças. As esperanças constituem um fator que contribui para a religião, nos dias de hoje. Quando uma pessoa perde as esperanças, enlouquece, comete atos violentos, adota comportamentos destrutivos ou acaba até cometendo suicídio.

A sociedade é formada por indivíduos. Como os indivíduos que perderam as esperanças se comportam de forma negativa, há cada vez mais loucura na sociedade. Se o número deles aumentar, toda a sociedade irá sofrer. Se utilizarmos e entendermos de forma adequada as tradições religiosas, os indivíduos serão beneficiados. A sociedade, como um todo, também.

Infelizmente, as religiões de hoje enfatizam demasiadamente as cerimônias e os rituais. É um procedimento antiquado e muitas vezes limitador. O que precisamos hoje em dia é encontrar a essência do que é importante em nossas vidas e conectá-la a mensagens, orientações e inspirações religiosas que tenham relevância.

Sinto que um fator importante da religião é o ser "temente a Deus". Mesmo que o indivíduo creia que tem poderes e talentos individuais, a fé em Deus assegura que haverá alguma disciplina. Muitos países enfrentam hoje uma crise moral, e a criminalidade está aumentando. Os poderes disciplinadores da sociedade dispõem de métodos convencionais para controlar o crime, mas os indivíduos envolvidos com a delinquência estão se tornando mais ariscos e sofisticados. Sem autodisciplina, sem algum reconhecimento do espírito que existe dentro de cada um, sem um senso de responsabilidade individual, vai ser muito difícil exercer o controle. Portanto, diversas tradições religiosas desempenham um papel importante e eficaz.

Qual a mensagem essencial da religião, segundo seu modo de ver?

SS: Acredito que todas as religiões nos ensinam a ser mais misericordiosos. Todas as religiões carregam a mensagem do amor, da compaixão e do perdão. E o perdão reflete a tolerância e a compreensão do valor dos direitos e das opiniões alheias. O que é o alicerce da harmonia.

Talvez, em um nível mais profundo, nossas opiniões sejam transformadas pelas tradições religiosas. A religião nos ensina algumas coisas óbvias, mas irradia também algumas forças, influências e significados mais profundos. Estes ampliam nossa visão da vida. Por exemplo, se um indivíduo tem de enfrentar a dor e o sofrimento, a experiência religiosa emprestará aos incidentes um significado mais profundo, o que contribuirá para reduzir a sobrecarga mental, a ansiedade e a dor.

Os budistas acreditam na lei do carma, a lei da causalidade. Assim, sabem que tudo o que está acontecendo em suas vidas provém de alguma ação passada, ou carma. No final das contas, sabem que devem assumir a responsabilidade por esta ação. O que contribui para reduzir a ansiedade e a frustração mental.

Mesmo que as religiões tenham os mesmos objetivos, existem ideias e áreas de interesse diferentes. Na condição de alguém deliberadamente engajado no diálogo interconfessional, como Vossa Santidade articularia um terreno comum, ou uma base, para a harmonia entre as diversas religiões?

SS: Embora todas as religiões carreguem a mensagem do amor e da compaixão, não seria correto dizer que todas têm os mesmos objetivos ou crenças; há diferenças substanciais. Por exemplo, algumas religiões acreditam em um Criador, outras não acreditam – o que representa uma diferença fundamental.

Existem diferenças fundamentais entre as abordagens filosóficas das religiões do mundo. Por que todas essas filosofias se desenvolveram? Acredito que exista uma boa razão para a multiplicidade de pontos de vista. Há diversas tendências dentro da humanidade; uma filosofia, ou uma crença, simplesmente não consegue satisfazer a todas. Portanto, os grandes mestres da Antiguidade tiveram de revelar diferentes filosofias e tradições.

Por exemplo, algumas pessoas gostam de comida condimentada; outras, não. A espiritualidade é o alimento da mente. Diferentes religiões são necessárias para diferentes tendências mentais. Para alguns, a filosofia de que as pessoas não são nada e de que o Criador é mais importante que tudo é a mais adequada. Se tudo está nas mãos do Criador, um indivíduo não pode fazer nada contra os desejos do Criador. Se tais pessoas agem conforme este princípio, isto lhes dá uma espécie de satisfação mental e estabilidade moral. Há outros que usam a lógica para abordar a filosofia. Possuem uma espécie de independência, ou algum poder semelhante. Se lhes for explicado que nem tudo está nas mãos do Criador Todo-Poderoso, mas em suas próprias mãos, isto realmente fará diferença.

Apesar das diferentes filosofias, a coisa mais importante é ter uma mente controlada e disciplinada, e um coração afetuoso. É uma infelicidade que hoje existam tantos conflitos, divisões e carnificinas em nome da religião.

Quando eu estava no Tibete, não tinha nenhum contato com outras religiões e tradições. Naquela época, meu modo de pensar era diferente. Hoje em dia, como resultado das muitas oportunidades que tive de encontrar pessoas de diferentes tradições religiosas, estou completamente convencido de que todas têm o mesmo potencial para produzir bons seres humanos. Meus olhos se abriram depois que conversei com grandes personalidades como o falecido Thomas Merton, a Madre Teresa e muitas outras. Após trocarmos profundas experiências espirituais, percebi como é importante nos juntarmos para cooperar estreitamente uns com os outros.

Sendo um vencedor do Nobel cuja contribuição ao secularismo é especialmente louvada, qual seria sua mensagem no tocante ao pluralismo religioso?

SS: Na Índia, existem muitas diferentes tradições de pensamento e filosofia, inclusive de outras culturas. A Índia é como um supermercado de tradições religiosas, e acho que isso é uma das coisas bonitas deste país. Em função desta realidade, a ainsa [doutrina que rejeita a violência contra qualquer ser vivo] se tornou uma parte das tradições indianas. Sob este aspecto, a Índia é um exemplo para o mundo inteiro. As pessoas podem viver lado a lado, como irmãos e irmãs, apesar de seguirem credos diferentes.

O mundo está se tornando menor e mais interdependente. No passado, as nações e os continentes permaneciam mais ou menos isolados. O conceito de uma verdade, uma religião, era muito relevante então. Mas hoje a situação é diferente. O pluralismo religioso é necessário e relevante no mundo atual.

É importante para mim, como budista, acreditar que o budismo é a verdadeira religião ou única verdade. É igualmente importante para um cristão acreditar que o cristianismo é a verdadeira religião, tanto para ele quanto para as outras pessoas. Como então poderemos superar a contradição subjacente ao fato de que existem diferentes verdades e tradições?

Na verdade, não há nenhuma contradição. Para o indivíduo, o conceito de que há uma verdade e uma religião é importante. Entretanto, em termos de sociedades e massas, o conceito de diversas verdades e diversas tradições é relevante. Sou budista e acredito que o budismo é o que há de melhor. Isto não significa que algum de meus irmãos – seja hindu, cristão, muçulmano ou judeu – esteja seguindo uma religião menos válida. Estamos todos envolvidos com uma religião adequada para nós.

Hoje em dia, temos um contato mais estreito com tradições diferentes, o que nos ajuda a desenvolver a ideia de pluralismo e apreciar os valores e a santidade de outros costumes. Eu aprendo muitas coisas valiosas com outras tradições. Da mesma forma, alguns de meus amigos têm vontade de aprender com a tradição budista. É uma forma saudável de enriquecermos nossas próprias tradições e desenvolvermos um autêntico respeito mútuo, uma admiração mútua. Creio que existe uma base sólida para a harmonia religiosa.

Qual é a visão budista sobre a conversão de um indivíduo a outra fé? Nos dias de hoje, sobretudo no Ocidente, há muitas pessoas de diferentes credos que têm demonstrado interesse no budismo. Que conselhos Vossa Santidade lhes daria?

SS: Quando a conversão é unilateral e imposta, sem alternativas, isto é errado. Quando um indivíduo faz uma escolha de acordo com sua disposição mental – uma conversão voluntária –, isto me parece mais adequado. Às vezes a mudança de religião acarreta desgraças e confusões. Assim sendo, talvez seja mais seguro e saudável que as pessoas se atenham às suas próprias tradições culturais.

Meus conselhos para as pessoas que desejam se converter: primeiro, se alguém tem de seguir algum tipo de credo, é melhor que seja dentro de sua religião e de seus valores tradicionais. Alguns ocidentais que mudam de religião de repente, sem uma análise cuidadosa e adequada, acabam ficando confusos. Caso você entenda que as práticas e as abordagens budistas são as mais lógicas, pense cuidadosamente. O tempo que se gasta pensando e analisando vale a pena. Finalmente, se você de fato sente que o budismo é a religião mais adequada à sua disposição mental, tudo bem. Um indivíduo tem o direito de abraçar uma nova religião.

Para divagar um pouco: quando alguém muda de religião, tem uma tendência a se tornar crítico de sua religião original, de modo a justificar a decisão. Esta atitude é muito ruim. Deve ser evitada. O budismo pode ser adequado para muita gente, mas isto não significa que milhões de outros indivíduos não tenham valores. Esses outros milhões se beneficiam das próprias religiões.

Alguns praticantes do budismo têm expectativas elevadas demais, talvez porque alguns de nossos professores digam que é possível se atingir o estado de suprema iluminação budista em três anos. Este ensinamento é apenas propaganda – não se pode atingir a mais alta realização espiritual em um período tão curto, exceto em casos excepcionais. Expectativa demais, no início, é uma coisa errada. Penso nas eras infindáveis que me proporcionaram minha força interior. Cem anos de vida não significam nada.

Alguns seguidores se aferram a uma prática sem compreender todo o sistema budista. A transformação de nossa mente não pode ser alcançada através de apenas um esforço, ou uma prática. Nossa mente é, ao mesmo tempo, muito fraca e muito forte, além de muito sofisticada. Se sua ênfase estiver mais no aprendizado, você pode desenvolver orgulho. Se estiver menos no orgulho, você pode perder autoconfiança. Se desenvolver mais autoconfiança, o resultado também pode ser o orgulho.

A mente é uma coisa muito sofisticada, portanto o antídoto para ela tem de ser sofisticado. Pense na impermanência; pense nos éons; pense na natureza de Buda e na derradeira realidade do vazio; pense também no potencial da mente. Pense de várias formas e adote métodos diferentes para diferentes situações. É assim que moldamos ou modificamos nossas mentes. Leva tempo. Por esta razão, é muito importante conhecer a base estrutural da prática budista. Esses são meus conselhos e sugestões.

Como se pode descobrir que prática é a melhor? Por exemplo, a prática budista depende muito da lógica, do raciocínio e da mente. Mas quando ocorrem experiências "extraordinárias" podemos nos deparar com algum tipo de contradição e pensar em descartá-las como "ilógicas".

SS: Penso que, no início, você deve simplesmente pensar nos diferentes motivos e métodos que considera mais eficientes. É a única maneira de julgar. Mais tarde, em um patamar mais elevado, creio que você poderá investigar caminhos diferentes através de sonhos e diversos tipos de experiências incomuns.

Para usar uma explicação do tantra: podemos inferir certas experiências através dos níveis grosseiros de nossas mentes e outras através da mente sutil. Quando sonhamos durante o sono, nossa consciência atinge um nível mais sutil do que no estado de vigília. Isto nos possibilita vislumbrar certas experiências que não são possíveis no estado de vigília, quando a mente atua em níveis mais grosseiros. Assim, é possível promover certas investigações quando estamos sonhando. Podemos dizer que certas coisas podem ser compreendidas unicamente através de experiências incomuns, ou oníricas.

Como eu disse antes, todas as grandes religiões têm o mesmo propósito: produzir seres humanos bons. Sob este aspecto, são todas iguais. Afora isto, existem diferenças no âmbito das diferentes tradições espirituais. Um grupo – os cristãos, por exemplo – acredita que os seres humanos, em última instância, vão para o Céu. O budismo, o jainismo e algumas das antigas tradições indianas, no entanto, aceitam o nirvana e o *moksha*. Dentro do budismo existem diferentes definições e interpretações do *moksha*.

A questão principal é que no âmbito dos sistemas que aceitam a existência do nirvana e do *moksha* existem diferenças. Mesmo entre os budistas, há diferenças na interpretação do nirvana. Os budistas explicam o nirvana como o fim de todas as ilusões, como uma mente livre das ilusões. Entretanto, se perguntarem a nós, budistas, se existem outros sistemas em que este estado possa ser alcançado, a resposta será, forçosamente, não. Da mesma forma, se nos perguntarem se existe alguma prática budista que nos permita ir para o Céu – como os cristãos –, a resposta também será não.

É preciso praticar um sistema de métodos completo para se alcançar o estado de nirvana, conforme definido pelo budismo. Muitas pessoas não estão interessadas em enveredar por este caminho. Pessoas para as quais a fé tem mais apelo que a razão.

Seria correto dizer que, para aqueles cujo apelo maior é o raciocínio lógico e investigativo, o budismo é o caminho ideal e mais completo?

SS: Eu tendo a concordar. Sua pergunta, no entanto, sugere que os ensinamentos budistas mostram um caminho exclusivamente lógico. Mas, se pensarmos bem, isto pode não ser óbvio à primeira vista.

Existem diferentes níveis de experiências e percepções diretas – tanto de verdades definitivas quanto de verdades relativas – que podem ser atingidos por meio de práticas intensivas de ioga e meditação. Durante os estágios iniciais, só podemos entender tais experiências mediante a lógica e o raciocínio. Não podemos vivenciá-las diretamente. Poucas pessoas possuem essas percepções profundas, nuançadas e diretas dos diferentes níveis da verdade.

Há três tipos de fenômenos: alguns são óbvios, outros, parcialmente ocultos, e outros, completamente ocultos. Por exemplo, se nos perguntarem como este livro veio a existir, a explicação comum é que ele foi produzido por causas e condições. Se nos perguntarem por que ele veio a existir através dessas causas e como todas as causas e condições se juntaram para formá-lo, iremos chegar – se investigarmos a fundo – a um ponto em que teremos de dizer que a existência do livro foi possível devido ao carma da pessoa que com ele teve contato. Se investigarmos ainda mais fundo, de modo a explicar a existência do livro, poderemos até chegar à teoria do *big bang* – o início do Universo.

A continuidade da matéria, mesmo da matéria simples, funciona dessa forma: até o estágio anterior, depois, até o estágio anterior a este, e assim sucessivamente, até chegar ao início de todo o cosmos. Qual o motivo da criação dessas coisas? Esta seria a pergunta seguinte. A resposta poderia ser Deus, ou outra divindade. Caso a resposta seja o Deus Criador, isto pode resolver um problema, mas cria outros problemas e indagações.

Não há um início, apenas o infinito, em função dos seres sencientes e da continuidade da consciência. Esta é a explicação budista. Pode não responder a todas as perguntas, mas responde a algumas. É uma teoria que proporciona algumas respostas satisfatórias, que só podem ser estabelecidas mediante o raciocínio.

Alguns fatos, por exemplo, não podem ser provados. Temos de confiar nas declarações de uma terceira pessoa. Sabemos que temos uma determinada idade, mas não através de nossa própria experiência, nem podemos provar isso através do raciocínio. Temos de confiar em nossas mães. Temos fé em nossas mães porque não há nenhuma razão para que elas mintam. Quando encontramos uma pessoa totalmente confiável, acreditamos em suas declarações. A intenção do raciocínio ou da fé é compreender as consequências de determinadas ações que acumulamos durante certo período de tempo.

Se tivermos de acreditar nas percepções diretas de um Buda, temos de estar convencidos de que o Buda está livre da ignorância, ou do obscurantismo. Compreendemos que não há razão para que ele diga mentiras e que suas declarações não são inconsistentes nem abrigam contradições. Quando tais condições são preenchidas, acreditamos nele e temos fé no que ele diz.

CAPÍTULO 2

BUDISMO

Vossa Santidade, o budismo é um tesouro que viajou da Índia para o Tibete. O Tibete o preservou, e agora Vossa Santidade o traz de volta, não somente para nós, indianos, como também para o mundo inteiro. O que distingue o budismo das outras escolas espirituais?

SS: Os ensinamentos de Buda Shakyamuni podem ser divididos em duas categorias: concepção e conduta. A conduta ensinada por Buda é a *ainsa*, a não violência – isto é, não prejudicar. A prática de não ferir outras pessoas também pode ser dividida em duas categorias. Primeira: abster-se de prejudicar os outros; segunda: beneficiar as outras pessoas e trabalhar pelo bem-estar delas.

Esta conduta "não prejudicial" tem suas raízes na existência de Buda. Se alguém prejudica os outros, vai contra os desejos de Buda. Mas o motivo do engajamento em uma conduta não prejudicial deve ser explicado sob o ponto de vista da origem interdependente – algo fundamental nos ensinamentos do budismo.

Os sofrimentos que não desejamos e a felicidade que almejamos são resultados de causas simples. Além disso, não existe nenhum Criador. O Criador, em última análise, é a própria mente. A mente é intrinsecamente pura e boa. Com uma boa motivação, as ações físicas e verbais originadas na mente são boas e produzem resultados agradáveis e benéficos.

Por outro lado, quando a mente está sem controle ou se torna irritada, cometemos atos rudes, que prejudicam ou ferem os outros. Os resultados são desagradáveis e dolorosos. No fim das contas, isto está relacionado à nossa mente. Não podemos culpar os outros pelo nosso sofrimento: só podemos culpar a nós mesmos. A responsabilidade recai sobre nossos próprios ombros. Os budistas, dessa forma, acreditam na autocriação; não existe um Deus ou um Criador Todo-Poderoso.

Sob o ponto de vista da não violência e da compaixão, todas as religiões nos ensinam a ser bons seres humanos, a ter boas motivações e bom caráter. Boas motivações e bom caráter têm origem em um coração afetuoso.

Aqui, todas as grandes religiões concordam. As abordagens, entretanto, diferem. Algumas religiões ensinam a existência de Deus – Deus como um Criador, e nós como suas criaturas. Em última instância, as coisas dependem de Deus. Se agirmos conforme os desígnios de Deus, alcançaremos a felicidade permanente. A meta de todas as religiões é mais ou menos a mesma: beneficiar a humanidade. Entender isto é muito importante.

O budismo é essencialmente um sistema de práticas para a evolução pessoal. Existe a noção de bodisatva *que o senhor incorpora. Vossa Santidade simboliza a ideia de um budismo engajado, no sentido de ser um budismo mais preocupado com questões e fenômenos sociais, não apenas com a felicidade pessoal. Como um sistema filosófico basicamente voltado para a transformação pessoal se tornou uma realidade social?*

SS: Primeiramente, eu nunca disse que sou um *bodisatva*. Sou apenas uma pessoa com um grande desejo de se tornar um *bodisatva*. Na verdade, o budismo sempre se preocupou com as questões sociais. Os conceitos de *dana* (generosidade) e *shila* (disciplina ética) envolvem os outros. A corrente maaiana é fortemente engajada com a sociedade. *Dana* significa ofertar aos outros, não a si mesmo. As três práticas do *shila* – abster-se de ações danosas; cultivar, defender e incrementar a virtude; ajudar e beneficiar as coisas vivas – pregam o engajamento com os outros, sem negligenciar o próprio aperfeiçoamento.

Sempre admirei nossos irmãos e irmãs cristãos, que além de muito devotados a Deus se dedicam com seriedade aos serviços sociais, especialmente nas áreas da educação e saúde.

Vossa Santidade, por favor, resuma para nós os ensinamentos de Buda e as Quatro Verdades Nobres para um iniciante no budismo.

SS: Buda nos ensinou que há dois grupos de causa e efeito. Um deles é o das ilusões. Por exemplo, se a causa for uma ação má, o resultado é o sofrimento. O outro é o grupo dos fenômenos puros – ou seja, uma causa virtuosa acarreta a felicidade.

A Primeira Verdade é a verdade do sofrimento, dividida em três tipos:

– **Primeiro**: o sofrimento da dor, vivenciado tanto por animais quanto por humanos.

– **Segundo**: o sofrimento da mudança, como o sofrimento provocado pela fome e pela sede. Comemos e bebemos para superar este sofrimento; mas, se continuarmos a comer e beber, poderemos gerar mais sofrimento. Este tipo é claramente observado nos chamados países desenvolvidos. Quando as pessoas ganham alguma coisa nova – uma câmera, um aparelho de tevê, um automóvel – ficam muito felizes. Logo, porém, a felicidade diminui e o novo objeto começa a provocar aborrecimentos. Então elas o jogam fora e passam a desejar outra coisa. Chamamos isto de sofrimento da mudança.

– O **terceiro** tipo de sofrimento é o da forma condicionada. É causado pelo nosso corpo físico, o produto de nossas ilusões e ações contaminadas, que acarretaram nossa reencarnação.

A libertação das duas primeiras categorias de sofrimento não é o que se conhece como nirvana, ou liberação. Quando nos sentamos e nos sentimos confortáveis, sentimo-nos livres do primeiro sofrimento, o sofrimento da dor. Mas, na verdade, estamos sendo afetados pelo segundo tipo de sofrimento, o sofrimento da mudança.

Existem pessoas que, através da força de sua meditação *samatha* e *vipasyana*, conseguem ir além do sofrimento e da felicidade, experiências de nível grosseiro, e permanecem em um estado mental neutro. Estão livres dos dois primeiros tipos de sofrimento. Quando essas pessoas também se libertam do terceiro tipo de sofrimento e de seus agregados – o produto de ações contaminadas e ilusões –, atingem o nirvana. Essas são as três categorias de sofrimento da Primeira Verdade Nobre, a verdade do sofrimento.

Para obter alívio do sofrimento, devemos eliminar suas causas. As causas estão dentro de nós. O segundo estágio é investigar essas causas, e esta é a Segunda Verdade Nobre, a verdade da causa do sofrimento. De acordo com ela, toda a nossa felicidade e todo o nosso sofrimento são causados por nossas próprias ações – pelo carma, o fator que induz as motivações para a ação.

A Terceira Verdade Nobre é a cessação do sofrimento. O meio pelo qual se consegue isto constitui a Quarta Verdade Nobre, ou o caminho para a interrupção do sofrimento. Mas, para começar, é preciso avaliar muito cuidadosamente se o sofrimento é uma coisa que podemos eliminar ou não.

Qual é a filosofia fundamental e quais são os princípios do budismo tibetano?

SS: A religião conhecida como budismo foi ensinada por Buda Shakyamuni. Existem dois grandes sistemas de budismo: o maaiana, o Grande Veículo; e o hinaiana, o Pequeno Veículo. Buda Shakyamuni expôs o sistema hinaiana em ensinamentos públicos, que foram registrados. Por razões óbvias e específicas, os ensinamentos do maaiana só foram ministrados a grupos muito exclusivos de pessoas. Esses ensinamentos explicam não só métodos para o treinamento da mente, como também técnicas para a penetração de pontos vitais do corpo. Estes últimos são baseados no corpo físico e compõem os ensinamentos chamados de *tantrayana.*

Existem dois meios de se ensinar o darma budista. No primeiro, um guru ensina aos seus discípulos; em certos casos, orações são feitas antes dos ensinamentos. No segundo, como é o caso aqui, há uma discussão informal, não necessariamente entre guru e discípulo.

Veja, por exemplo, eu mesmo. Fiz o voto de *bhikshu* (mendicância), conforme o Vinaya Sutra, que norteia minha conduta diária. Vivo como um monge. Em nossas tradições, monges ordenados observam 253 regras. Temos de observá-las. Minha prática diária para o desenvolvimento do *bodhicitta* [estado mental de um *bodisatva*], que se baseia no *karuna* e no *maitri* [as perfeitas virtudes da compaixão e da solidariedade], é voltada aos ensinamentos do maaiana, portanto é a prática principal.

Também pratico diariamente os ensinamentos do Vinaya Sutra – a essência dos ensinamentos hinaianas, inclusive algumas práticas de *samatha* e outras de *vipasyana*. Além disto, durante a prática do *bodhicitta*, pratico também as seis *paramitas* [perfeições], na medida do possível. Também praticamos a ioga da divindade com mandalas, sob diferentes formas.

Uma pessoa deve praticar essas três formas de ensinamentos simultaneamente – sempre na mesma hora e no mesmo lugar. O budismo no qual os três sistemas estão completos foi preservado na comunidade tibetana. Portanto, a prática dos três sistemas pela mesma pessoa é uma característica única do budismo tibetano.

Como Vossa Santidade resumiria a diferença fundamental entre as duas correntes principais – ou melhor, veículos, como são chamadas – do budismo: o maaiana e o hinaiana?

SS: De acordo com as tradições da escola *vaibhasika* – uma escola hinaiana –, nosso bondoso Mestre, Buda Shakyamuni, era uma pessoa comum, no início. Cultivando a atitude altruísta do *bodhicitta* ele começou a praticar o caminho e, finalmente, atingiu a iluminação. Se o sistema maaiana aceitasse que Buda Shakyamuni era uma pessoa comum antes de alcançar a iluminação durante a vida, haveria algumas inconsistências.

Nos textos do sistema hinaiana, são mencionadas algumas diferenças entre o Mestre Buda, os *srayaka* e os *pratyekabud-*

dhas [aspirantes religiosos], no que se refere às realizações, interrupções e ao abandono das ilusões. Embora falem sobre as diferenças nas realizações, interrupções e nos abandonos, os textos só explicam um tipo de prática, mediante a qual a iluminação foi alcançada.

É difícil sustentar que, com uma causa, seja possível alcançar dois resultados diferentes. Embora se possa dizer que certas diferenças ocorrem devido ao tempo gasto na prática do caminho, isto não explica as enormes diferenças entre as realizações de Buda e dos *arhats* [aqueles que compreenderam a verdadeira natureza da existência, alcançaram o nirvana e não renascerão]. Como os diferentes caminhos do sistema hinaiana, por si só, não explicam as enormes diferenças entre a iluminação alcançada por Buda e aquela atingida pelos *arhats*, isto demonstra que existe outra técnica, superior ao caminho hinaiana.

De qualquer maneira, segundo as explicações dos sistemas maaiana e hinaiana, Buda Shakyamuni girou a Roda do Darma pela primeira vez com seus ensinamentos sobre as Quatro Verdades Nobres. Por conseguinte, a explicação dos ensinamentos de Buda deve ser dada à luz das Quatro Verdades Nobres.

Embora o nirvana (a cessação de todo o sofrimento) seja o último estágio do budismo, poucas pessoas chegam tão longe. Mas milhões vivenciam o samsara *(os ciclos de nascimento, miséria e morte provocados pelo carma, que se repetem indefinidamente) como "ocupantes da casa" – ou seja, leigos – e levam uma vida em que algumas coisas estão sob controle, mas a maior parte delas não está. Isto é a raiz das turbulências que afetam a mente moderna. Qual seria o seu conselho para os ocupantes da casa comuns?*

SS: Conhecimento, ou algum tipo de compreensão sobre a natureza do *samsara*, a natureza da vida humana, seria de grande ajuda. Quando enfrentamos nossos problemas ou os problemas dos outros, começamos a entender que esses problemas se devem à natureza básica do *samsara*. Quando as coisas comuns acontecem, nós as vemos como naturais. Quando alguma coisa inusitada ocorre, a mente se perturba com facilidade. Se considerarmos os problemas como coisas naturais, há menos ressentimento. Ao mesmo tempo, almejamos o nirvana porque esses problemas existem. Sabemos, entretanto, que o nirvana não é fácil de alcançar. Com isto em mente, nossos problemas parecem menores.

Todas as ações humanas, sejam boas ou más, são baseadas em motivações. Às vezes, uma ação parece rude e negativa, mas sua motivação é pura, sincera e aberta. Às vezes enfrentamos situações que nos deixam furiosos ou frustrados. Mas, quando obtemos alguma compreensão do *samsara*, podemos controlar, ou pelo menos minimizar, os pensamentos negativos nessas situações. Por conseguinte, nossas mentes não perderão a tranquilidade. Se tivermos uma boa compreensão do caminho, isto nos ajudará a enfrentar as dificuldades cotidianas.

Em comparação com um monge, um ocupante da casa tem mais trabalho. Tem de cuidar de seu marido, ou sua esposa, e de seus filhos; e quando tem netos surgem ainda mais pessoas que exigem cuidados. Tudo isso enseja uma conexão com uma coisa maior – aqui a motivação é o mais importante. Na vida real, você às vezes tem de dizer algumas palavras duras, ou agir de forma enérgica, para proteger ou beneficiar sua família. A mesma ação, talvez até mais enérgica, realizada com uma boa e sincera motivação, é uma ação boa e sincera.

Por exemplo, um inimigo está a ponto de matar duas pessoas. Ambas reagem da mesma forma para se proteger. Uma delas o faz com uma motivação egoísta, sentindo ódio do inimigo. A outra toma a mesma contramedida, mas com motivação diferente: *Se eu permitir que este indivíduo me mate ou faça o que quiser fazer, ele irá me ferir, mas pecará e sofrerá por causa disso. Temporariamente, poderá se sentir satisfeito, mas no final sofrerá, não?* Se a contramedida for tomada para salvar o inimigo de uma ação ruim, será uma ação muito diferente, pois resultará de uma motivação inteiramente diferente.

Por exemplo, quando os chineses invadiram o Tibete, tentamos lutar contra eles. O motivo foi que sinceramente os respeitamos como seres humanos, pois eles são como nós, buscam a felicidade e não desejam sofrer. Tivemos de tomar certas medidas para nos protegermos, de modo a impedir que os chineses cometessem uma ação errada; mas não perdemos, em nossos pensamentos, o respeito e a compaixão por eles.

Às vezes, até mesmo budistas como eu, que praticam para se tornarem *bodisatvas*, são negligentes no tocante à prática de ajudar ou servir aos outros. As escrituras mencionam claramente que devemos doar o próprio corpo, os próprios órgãos. Servir à sociedade, portanto, deveria ser nossa prioridade máxima.

Para um aspirante, é fácil ou difícil atingir o nirvana?

SS: Primeiramente, é preciso adquirir algum conhecimento sobre a natureza do *samsara* e a natureza do nirvana, e ainda sobre a possibilidade e os métodos para se alcançar o nirvana, mesmo que sejam difíceis de serem implementados no momento. Veja o meu caso. Na minha situação, é difícil executar certas práticas como a *samatha*. Para praticá-la, precisamos viver em completo isolamento, num lugar remoto, por pelo menos alguns anos. De outra forma, é impossível atingir o *samadhi* [concentração em um só ponto].

Nas atuais circunstâncias, é impossível, para o Dalai Lama, praticar dessa forma. Sem o *samadhi*, não é possível alcançar a iluminação nesta vida – principalmente o *anuttaraiogatantra*, que praticamos antes que o corpo físico se degenere. Nossa energia física começa a decair entre as idades de 30 e 35 anos. O Dalai Lama está atualmente com 73 anos. É quase impossível alcançar o *samadhi* agora.

Por favor, dê-nos um exemplo de alguma coisa prática que possamos fazer diante de circunstâncias desfavoráveis.

SS: Quando estiver enfrentando circunstâncias desfavoráveis, antes de mais nada, mantenha a calma. Não há sentido em se sentir ansioso ou nervoso. A teoria do carma e a percepção de que nossa existência mundana está na natureza de todo o sofrimento o ajudarão a manter a calma. Mesmo se tivermos uma excelente capacidade de avaliação, poderemos enfrentar problemas. A coisa mais importante é manter a calma, pois só assim poderemos empregar nossos poderes investigativos sem ansiedade ou descontrole.

Avalie com calma e tome uma decisão. Se esta decisão se mostrar errada, não sinta remorsos. Esse tipo de atitude nos oferece alguma ajuda, pois não temos o poder da clarividência.

CAPÍTULO 3

O PAPEL DO GURU

Por que a figura do "guru" é tão importante nas tradições budista e hindu?

SS: Um guru é o indivíduo que nos leva das trevas para a luz.

Este é um conceito puramente religioso?

SS: O guru, na condição de professor, filósofo e guia, era uma pessoa altamente reverenciada na antiga Índia. Tradicionalmente, os hindus, os jainistas e os budistas atribuíam grande importância ao guru. De fato, a posição do guru é muito importante nas religiões.

O equivalente tibetano do guru é o "lama", mas existe alguma diferença entre eles? Um lama tem qualificações especiais?

SS: A conotação das palavras *guru* e *lama* é peso – pesado com conhecimentos, qualificações e bondade. As qualificações de um guru, primordialmente, dizem respeito ao seu conhecimento e à sua bondade. Com base nestas qualificações gêmeas, os discípulos desenvolvem admiração, compaixão, respeito, fé, amizade e devoção por seus gurus. Em nível individual, você desenvolve as qualidades gêmeas da fé e da veneração, e um sentimento de amizade.

Muitas vezes, a palavra *lama* é confundida com "Buda vivo". Mas a conotação é muito diferente. Basicamente, o conceito é que os gurus devem ser respeitados.

No budismo, qual a importância do papel dos gurus, e qual sua relevância no mundo moderno?

SS: O papel de um líder espiritual, ou mestre, é muito importante entre os seguidores do budismo. O fluxo das Quatro Verdades Nobres de Buda está em perfeita harmonia com as leis da natureza, que determinam relações de causa e efeito. Assim como no mundo externo existem relações de causa e efeito, na mente ocorre a mesma coisa.

Tanto o altruísmo quanto a sabedoria são qualidades de uma mente poderosa e compassiva. Do ponto de vista budista, ambas estão no âmbito da lei da causalidade. Os budistas acreditam que para tudo há uma causa. Nenhuma mudança drástica da mente ocorre sem causas e condições. A lei da causalidade determina cada pensamento e cada processo. Uma condição causal leva a outra e a muitas outras após. Portanto, assim como o altruísmo (consideração pelos outros) tem suas próprias causas e condições, existem causas e condições para se desenvolver a sabedoria.

O altruísmo intrínseco, a tendência inata para respeitar os outros, como princípio de ação e sabedoria, acarreta suas próprias causas e condições. Esses fatores podem ser internos ou externos. O fator externo é a presença de um mestre ou guia espiritual; o fator interno é o conhecimento que um indivíduo obteve nesta preciosa vida. Treinar a mente e praticar a meditação produzirá as qualidades do altruísmo e da sabedoria.

A sabedoria não está restrita a nenhum tipo especial. Há muitas espécies de sabedoria. Perceber e entender o conceito da impermanência, de que tudo neste mundo é efêmero e muda com o tempo, é apenas um tipo de sabedoria. O conceito de impermanência pode ser detectado até por instrumentos científicos. Mas a observação por si só não produz muita convicção. Para uma compreensão mais profunda, o indivíduo terá de entender a mudança como um fator, como a natureza da realidade. Isto desenvolverá a convicção e uma compreensão mais profunda da impermanência. Isto é sabedoria; trata-se de entender a *shunya*, ou seja, a ausência de uma existência independente. É aí que se torna crítico o papel do guru, ou professor espiritual.

Qual o processo de aprendizagem que credencia um indivíduo a se tornar um mestre espiritual?

SS: No início, apenas o conhecimento. Com tempo e esforço constante, esse conhecimento adquire profundidade; com mais esforço, o indivíduo começa a desenvolver realmente sua sabedoria.

No budismo, tal sabedoria é obtida através da audição, da contemplação, do pensamento profundo e da meditação. Estas são as verdadeiras causas – conhecidas como as causas substanciais do desenvolvimento da sabedoria.

Existem dois tipos básicos de condições: a condição externa é o professor, e a condição interna é o corpo saudável – a preciosa vida humana. Quando ambas as condições se articulam, a pessoa precisa cultivar as verdadeiras causas do desenvolvimento da sabedoria. Isto mostra claramente como funciona a relação de causa e efeito.

O que estou tentando deixar claro aqui é que o professor transmite conhecimento para seus alunos, mas não pode substituir o aluno. Ele é apenas um facilitador; todo o esforço e trabalho duro cabem ao aluno.

Da mesma forma, os budistas consideram Buda como o professor, aquele que guia seus seguidores e discípulos pelo verdadeiro caminho. Essas diretrizes se baseiam na própria experiência de Buda. Os budistas acreditam que, inicialmente, Buda era um ser humano comum, como todos nós. Mas, com a ajuda de seu professor, ele labutou durante muitas eras e só depois se tornou o Buda. Assim, atingiu algo como um patamar final e se tornou um professor do mais alto nível, ensinando o restante de nós a treinar nossas mentes.

Se o guru é a luz que ilumina nosso caminho, Vossa Santidade poderia esclarecer para nós quais são as qualidades e qualificações de um professor de budismo?

SS: A primeira responsabilidade de um professor é ensinar, mostrar o verdadeiro caminho. Quando um aluno se extravia, o professor deve ser capaz de corrigir seu equívoco, para que ele não continue no caminho errado. Um professor deve possuir conhecimento e experiência. Se possuir apenas conhecimento intelectual, será incapaz de corrigir os erros cometidos pelos alunos.

As qualificações necessárias para um professor foram mencionadas exaustivamente nos textos e nas escrituras budistas. Diferentes qualificações são prescritas, dependendo do tipo de professor ou da área em que ele está guiando o aluno. Por exemplo, as qualificações necessárias para um mestre de disciplina monástica, ou *vinaya*, são diferentes das qualificações exigidas para um professor de *bodisatvas* ou de tantra.

As qualificações necessárias para o professor, e também para o aluno, estão claramente relacionadas nos Quatrocentos Versos de Aryadeva, os *Catuhsataka*. Nesse texto, Aryadeva explica que o professor deve possuir uma profunda compreensão dos interesses e da capacidade mental de seus alunos. Aryadeva também explica que um professor precisa ser mentalmente disciplinado. De fato, esta é uma das mais importantes qualificações para um professor. Se o professor não disciplinar ou controlar sua mente, será incapaz de treinar a mente de seus alunos. O *vinaya*, por exemplo, especifica os diferentes tipos de *acharyas*, ou professores, e os diferentes tipos de abades dos mosteiros que devem possuir determinadas qualificações. Especifica também as qualificações exigidas do aluno, caso este esteja recebendo ensinamentos de um professor residente.

Da mesma forma, na prática do *bodisatva pitaka*, seis perfeições são ensinadas aos candidatos a professor. A menos que estes conheçam perfeitamente estas seis perfeições, não terão condições de pregar para os outros.

Maitreya prescreve dez perfeições no *Sutralankara*. A primeira e mais importante qualificação é a disciplina. A mente do professor deve ser totalmente disciplinada. E o processo de treinamento de sua mente deve estar em conformidade com os grandes textos e as escrituras. Pequenas realizações ou conquistas, como as produzidas pela leitura de alguns textos, simplesmente não são o bastante.

Das dez qualificações prescritas, a primeira é a prática e a presença dos três preceitos – o *shila*, o *samadhi* e o *prajna*:

- O *shila*, primeiro dos três preceitos, trata da presença da disciplina ética ou moralidade. Pode ser a disciplina de um leigo, de um monge, ou os votos de um *bodisatva* ou de um tântrico.

- O segundo preceito trata do treinamento da meditação de ponto único, ou *samadhi*.

- O terceiro preceito, o *prajna*, trata da "sabedoria de compreender o vazio".

Além da presença desses três preceitos, o professor deve ter outras qualificações. Em termos de erudição, deve estar à frente de seus alunos e ter mais habilidade do que eles, pois é ele quem os guia, partilhando seus conhecimentos. Além disso, o professor deve ter um conhecimento profundo das sutis conotações do *shunyata*, ou vazio. E suas qualificações estarão incompletas se ele não sentir compaixão por seus alunos. Finalmente, ele deve ter capacidade para explicar o assunto aos alunos, com doses infindáveis de energia e paciência.

Qualquer pessoa, de qualquer status ou patamar da vida, pode ser um aluno?

SS: As qualificações mais importantes para o aluno são explicadas em detalhe nos Quatrocentos Versos de Aryadeva. São três:

1. O aluno deve ser imparcial e livre de preconceitos. Se for preconceituoso ou parcial, não será capaz de manter a objetividade.

2. Deve ser inteligente o bastante para saber a diferença entre o certo e o errado. Deve também ser capaz de usar a mente com inteligência. Por exemplo, se o professor lhe ensina alguma coisa incorreta, ele deve perceber isto facilmente, não se limitando a assentir com a cabeça e dizer sim. Se o mestre espiritual está no caminho errado, contrário aos ensinamentos clássicos, o aluno deve se opor com firmeza, ao invés de seguir cegamente o caminho errado.

3. Por fim, o discípulo deve ser um aspirante, disposto a se esforçar incansavelmente para reinventar a si mesmo.

Antes que um aluno decida aceitar alguém como professor, deve investigar essa pessoa cuidadosamente. Pode fazer isto frequentando suas palestras e ouvindo as aulas que ele dá a outros alunos. Isto é fundamental, pois o aluno precisa respeitar seu professor e olhá-lo como exemplo, assim como o professor tem de se mostrar responsável e ter compaixão pelo aluno. O professor e o aluno compartilham um vínculo especial. Quando o aluno tem certeza de que seu professor possui todas as qualificações de um bom mestre, completa o relacionamento professor-aluno.

Esse relacionamento deve se assemelhar ao de um pai com um filho. Enquanto o aluno deve ter apego ao professor – assim como veneração, respeito e consideração –, o professor, seu guru, deve possuir um profundo senso de responsabilidade em relação ao bem-estar de seu aluno.

Como se inicia o processo de aprendizagem?

SS: Buda, o supremo professor, ensinou diferentes lições a diferentes alunos, de acordo com a disposição mental de cada um. Portanto, não se pode aceitar seus ensinamentos palavra por palavra; de outro modo, surgiriam contradições. Diante de tal situação, o aluno terá de julgar por si mesmo, entender as palavras do professor de todos os ângulos, antes de aceitá-las como verdadeiros e definitivos ensinamentos budistas.

O aluno deve aprender a categorizar os ensinamentos de Buda, interpretando seus níveis. Por exemplo, se algumas contradições forem encontradas nas palavras de Buda sobre a meditação analítica, estas não devem ser aceitas literalmente. Mesmo que Buda as tenha ensinado, o aluno tem de perceber que este foi o modo encontrado pelo mestre de veicular sua mensagem a discípulos com diferentes disposições mentais. É provável que ele tenha ensinado dessa forma intencionalmente.

No estudo do budismo, uma linha clara e distinta tem de ser traçada, limitando o que é o ensinamento do mestre e o que é o ensinamento do texto. O próprio Buda deu a seus seguidores o direito de questionar seus ensinamentos. Ele dizia que os sábios, ou *bhikshus*, só deveriam aceitá-los depois de julgá-los, e não simplesmente por respeito.

Apenas por ouvir a palestra de um professor sobre o darma, por exemplo, o aluno não tem necessariamente de aceitá-lo como guru. Durante os estudos diários realizados nos pátios dos mosteiros tibetanos, os alunos sentam-se com seus colegas e discutem diversos assuntos; através do diálogo e do debate, aprendem uma série de coisas uns com os outros. Isto não significa que devem considerar os colegas gurus espirituais.

Eu estava pensando... Se um professor qualificado e um aluno promissor se ligam um ao outro nesta vida, o que acontecerá se um deles falecer? Ainda serão capazes de se comunicar um com o outro?

SS: Se um aluno se relacionar de forma adequada com seu professor, nesta vida, ao longo do tempo encontrará um professor igualmente qualificado. Casos desse tipo ficam muito claros quando você lê algumas das histórias que envolvem o nascimento de Buda, ou as histórias dos grandes mestres.

Geralmente, a busca de uma pessoa por um guru, por um caminho espiritual ou mesmo por Deus tem início durante algum trauma ou alguma perturbação emocional em sua vida. Por favor, comente isto.

SS: Acho que quando nos sentimos indefesos, emocional ou psicologicamente, pensamos em rezar para um poder superior. Os budistas começam a rezar para Buda. Se isto realmente funciona é uma questão controversa. Mas, sob o ponto de vista mental e emocional, a pessoa realmente obtém algum alívio e consolo, e assim se beneficia.

Diferentes filosofias oferecem diferentes explicações sobre o que leva as pessoas a acreditarem em Deus. Creio que obtêm algum tipo de inspiração quando rezam para um poder superior. E às vezes extraem benefícios. Mas em crenças como o jainismo, assim como no budismo, tudo acontece conforme as leis da causalidade, do carma, dos erros cometidos no passado. Portanto, não há muito que se possa fazer para evitar o que está acontecendo.

Como alguém se torna um indivíduo forte, interiormente?

SS: Na área econômica, chamamos isto de autossuficiência. Na área espiritual, igualmente, a autossuficiência é muito importante.

Por exemplo, se você é forte fisicamente, seu corpo pode resistir a qualquer doença. Mas, se o seu sistema imunológico é fraco, a menor perturbação externa poderá lhe causar muitos problemas. No mundo das emoções, ocorre a mesma coisa. Se uma tragédia ocorre em sua vida, mas seus pensamentos e conceitos básicos são fortes, você pode ser atingido em determinado nível emocional, podendo se sentir infeliz ou frustrado. Entretanto, as perturbações passarão facilmente, por conta de sua atitude mental básica e de seu poder interior.

As ondas vão e vêm no oceano, e às vezes se entrechocam com força. Abaixo, no entanto, o solo do oceano permanece calmo e imperturbável. Com a ajuda do conhecimento, da conscientização e da experiência, sua mente permanecerá tranquila e poderosa. Tudo depende de sua atitude básica, que tem de ser firme. Sua atitude em relação a si mesmo e aos outros tem de ser correta; assim, atitudes erradas e danosas tendem a se manter ao largo, pois você possui muita compaixão dentro de si.

Do mesmo modo, quando alguma coisa boa acontece com você, você também a aceitará. Mas, como tem uma visão mais holística, compreende que este não é o primeiro e único acontecimento em sua vida, que haverá outros, e alguns não tão bons. Sinto que não se ganha mais sabedoria através da religião ou da fé; isto acontece através da conscientização, que nos torna mais fortes por dentro.

As coisas são relativas. Cada acontecimento não possui uma única causa ou condição, mas inúmeras. Portanto, quando algo ruim acontece, você não pode culpar apenas um fator. Tudo é interdependente.

Tenho muita curiosidade a respeito de milagres. Por exemplo, como um guru e um aluno se descobrem no momento certo. O senhor acredita que exista uma dimensão que ultrapassa a lógica?

SS: Segundo os conceitos budistas, existem três tipos de lógica. São três níveis de conhecimento e três níveis de realidade. O primeiro é óbvio: é o que se manifesta para nós. Não há necessidade de racionalização. A segunda realidade é conhecida como a levemente oculta, a não tão óbvia; portanto, tem de ser investigada. A terceira é um fenômeno inteiramente oculto.

Por exemplo, há um cachorro diante de mim ou não? A resposta é óbvia, pois nenhum cachorro pode ser visto aqui. Simples.

Agora: há algum cachorro atrás da cadeira, fora do seu alcance visual, ou não? Você pensa então que, como esta cadeira foi colocada aqui para o Dalai Lama, e como nenhum cachorro foi visto correndo por aqui desde sua chegada, não há nenhum cachorro aqui.

Quanto ao terceiro nível de realidade, o dos fenômenos completamente ocultos, vamos tomar como exemplo minha data de nascimento: 6 de julho de 1935. Eu não tenho como saber deste fato por mim mesmo. Não posso deduzir nada sozinho. Tenho de confiar na informação de terceiros – minha mãe ou outra pessoa. Sei que minha mãe não tem motivos para mentir. E é isto que estou tentando explicar: uma pessoa deve saber quando precisa confiar na palavra de outra pessoa.

Portanto, existem vários níveis de realidade. Sinto que quando dizemos "lógico" queremos dizer alguma coisa próxima ao senso comum. Suponha que alguém está se concentrando profundamente, ou está profundamente imerso em um *samadhi*. De repente, a energia sutil se torna mais ativa e alguns objetos começam a se mover. Segundo o primeiro nível de realidade, isto deve ser considerado um milagre. Mas, se você pensar além desse nível e souber como o sistema funciona, isto não parecerá um milagre a seus olhos. Segundo a lei da causalidade, o elemento interno atua sobre o elemento externo de tal forma que as coisas podem se mover, ou se modificar.

CAPÍTULO 4

COMPAIXÃO E FELICIDADE

Vossa Santidade usa frequentemente as palavras amor *e* compaixão. *Qual a diferença entre elas?*

SS: Eu não sei a exata diferença entre *amor* e *compaixão*. No sânscrito, existe o termo *karuna*; em tibetano, há duas palavras, *inji* e *chamba*. *Chamba* significa o desejo de ter felicidade, enquanto *karuna* e *inji* significam o desejo de superar o sofrimento.

A genuína compaixão não depende de a outra pessoa ser gentil comigo; é baseada na constatação e na aceitação do fato de que o outro é também um ser importante, que tem o direito de ser feliz e de superar o sofrimento, independentemente de sua atitude em relação a mim. Até mesmo um inimigo, que está me prejudicando, é um ser importante e tem todo o direito de superar o sofrimento e de alcançar a felicidade.

A genuína compaixão, portanto, é um senso de preocupação com todo mundo. A compaixão não é piedade; é baseada no respeito pelos direitos dos outros e no reconhecimento de que os outros são como eu.

A compaixão é virtuosa e desejável, mas como me torna um ser humano melhor ou mais feliz?

SS: Vou responder a isto com um exemplo. Quando encontro alguém na rua, reafirmo meus sentimentos humanos. Quer eu conheça ou não o indivíduo, sorrio para ele. Às vezes não há reação; às vezes há desconfiança. Mas eu obtenho o benefício de um sorriso. Se a outra pessoa vai ou não obter algum benefício, depende de seu próprio modo de pensar, assim como das circunstâncias.

A recompensa para a prática da compaixão vai, em primeiro lugar, para o praticante. Acredito que é muito importante entender isto; de outra forma, iríamos acreditar que a compaixão beneficia o outro indivíduo e nada traz para nós.

Uma atitude compassiva ajudará você a se comunicar facilmente com seus irmãos humanos e outras criaturas importantes. Como consequência, você fará mais amigos de verdade; a atmosfera será sempre mais positiva, o que lhe dará força interior. A força interior o ajuda a se preocupar voluntariamente com os outros, em vez de pensar apenas em si mesmo.

Uma pesquisa científica demonstrou que os indivíduos que costumam usar palavras como *eu*, *mim* e *meu* correm mais riscos de sofrer um ataque cardíaco. Se alguém pensa sempre em si mesmo, seus pensamentos se tornam demasiadamente estreitos; até mesmo um pequeno problema adquire uma dimensão insuportável.

Quando pensamos nos outros, nossas mentes se alargam. Dentro deste amplo espaço, até os grandes problemas pessoais podem parecer insignificantes. Isto, em minha opinião, faz toda a diferença.

Vossa Santidade carrega o fardo do sofrimento de seu povo e de sua pátria há muitos anos, mas transmite uma leveza, uma alegria espontânea, que toca todos os que o encontram. Como faz isso?

SS: Não faço nada de especial! Durmo bem, como comida boa! Não que eu ache que isto seja alguma coisa especial, mas tudo provém de nossa atitude com relação a nós mesmos e aos outros. A vida não é fácil sob o ponto de vista do budismo. O corpo é um obstáculo; carma negativo ou carma samsárico podem criar problemas. Às vezes presenciamos coisas infelizes. Mas as coisas infelizes podem ser transformadas em algo positivo. Podemos usá-las para adquirir experiência. Portanto, são úteis na vida diária.

Você deve sempre evitar consequências negativas, é claro. Mas, caso aconteçam, tente olhar para elas de diferentes perspectivas. Por exemplo: perdemos nosso país. Esta situação, entretanto, oferece novas oportunidades; quando você olha as coisas sob um aspecto positivo, a frustração diminui.

Que mudança de atitude é essa, que torna uma pessoa feliz?

SS: Na qualidade de monge budista, meu objetivo principal é praticar o altruísmo, o *bodhicitta,* com sabedoria e consciência. Acredito que a meditação analítica é um dos métodos-chave para se transformar a mente e as emoções. Com ela obtive força e paz interior. Este método também permite que alteremos nossas percepções e atitudes em relação a nós mesmos, aos outros e aos problemas imediatos.

Creio que a mudança mais importante é o alargamento de nossas mentes, que ocorre à medida que desenvolvemos o sentido de compaixão pelos outros. Neste ponto, os problemas e os sofrimentos individuais parecem ficar bem pequenos.

Como podemos desenvolver a compaixão pelos outros e por nós mesmos?

SS: Podemos começar analisando o valor dos sentimentos negativos ou doentios com relação aos outros. Analise o que isto significa para você e como você se sente a respeito de si mesmo. Em seguida, compare o valor dessa atitude mental e o valor de uma mente que demonstra preocupação e compaixão pelos outros.

Estou sugerindo que você analise e faça comparações entre essas duas atitudes mentais. Por experiência própria, descobri que a insegurança e a falta de autoconfiança produzem medos, frustrações e depressão. Quando sua natureza muda e adquire uma desprendida preocupação pelo bem-estar dos outros, você vivencia uma sensação de tranquilidade, poder interior e autoconfiança.

A capacidade para a compaixão desenvolve a força interior e é a medida para o estado mental de cada um. É desnecessário presenciar os resultados de nossos atos de compaixão. Em alguns casos, eles podem nem ser apreciados. Muitas pessoas têm a impressão de que a prática do amor, da compaixão e do perdão beneficia os outros, mas não serve a nenhum propósito específico para o praticante. Acho errada esta forma de pensar. As emoções positivas contribuem imediatamente para a melhoria do estado mental.

Os budistas têm uma atitude fascinante a respeito do que é chamado de "inimigo". Por exemplo, alguns monges rezam em esteiras que trazem a mensagem REZE PARA OS CHINESES. Que benefício eles obtêm com isso?

SS: Para os autênticos praticantes do budismo, o inimigo da comunidade apresenta uma oportunidade real para a prática da paciência e da tolerância. De modo a promover uma legítima compaixão, a prática da tolerância é essencial. Nela, o inimigo é muito importante. É um modo de ver as coisas.

Na escola maaiana do budismo, referimo-nos aos outros seres como seres centrados na mãe. Não há sentido em excluir as pessoas que causam problemas. No nosso caso, também consideramos nossos irmãos e irmãs chineses como seres centrados na mãe; portanto, temos de estimá-los.

Um bom exemplo é um monge que passou mais de 17 anos em prisões ou campos de trabalho chineses. Estive com ele em 1959. No final da década de 1980, ele se encontrou comigo em Dharamsala. Como nos conhecíamos bem, perguntei-lhe sobre suas experiências. Ele disse que, em algumas ocasiões, enfrentara perigos reais. Presumi que ele queria dizer que sua vida correra perigo. "Que tipo de perigos?", perguntei. "Perigo de perder a compaixão pelos chineses", foi a resposta dele.

Acho que esta é uma coisa maravilhosa de se dizer. É um reflexo da prática. Não que todos os tibetanos compartilhem esse ponto de vista.

Certo dia, perguntei a um tibetano de meu vilarejo se ele sentia raiva dos chineses. Antes que ele dissesse alguma coisa, suas bochechas começaram a tremer e ele ficou vermelho. Então ele disse: "Claro que sim." Ou seja, também há pessoas assim. Existem pessoas de todos os tipos.

Vossa Santidade poderia nos contar como é sua prática do bodhicitta *na vida diária?*

SS: Há mais de 35 anos, eu recito diariamente os Oito Versos para Transformar a Mente. Recebi esses versos oralmente de Trijang Rinpoche. Embora não possa gastar muito tempo com eles, geralmente os recito e penso um pouco a seu respeito. É uma coisa muito útil. O autor do texto é o mestre *kadampa* Geshe Langri Thangpa.

Este grande mestre do darma via a prática do *bodhicitta*, doar-se aos outros, como a parte mais importante de sua prática. Explicarei esses versos sucintamente.

1. Com a determinação de alcançar
   o bem supremo de todos os seres sencientes,
   mais preciosos do que a joia desejada,
   irei estimá-los sempre.

A bondade dos seres sencientes para conosco não está confinada apenas à conquista de nosso objetivo final: a iluminação. A satisfação de nossas metas temporárias, como o vivenciamento da felicidade e assim por diante, também depende de sua bondade. Portanto, os seres sencientes são superiores até mesmo à joia mais desejada. Costumamos dizer nas orações: *Que eu seja capaz de estimá-los mais do que a joia mais desejada.*

2. Sempre que eu estiver com outras pessoas,
   que eu possa pensar em mim como a mais insignificante,
   e do fundo do coração considerá-las supremas.

Quando nos encontramos com outras pessoas, não devemos achar que somos superiores a elas, nem menosprezá-las, nem sentir piedade delas. Devemos olhar para elas como a fonte de nossa felicidade. Devemos ter estima e reverência por elas, pois elas têm capacidades como as de Buda, tais como nos proporcionar felicidade e iluminação.

3. Em todos os meus atos, possa eu examinar minha mente, e tão logo as ilusões apareçam, pondo em risco a mim mesmo e aos outros, possa eu enfrentá--las e evitá-las.

Quando nos engajamos em práticas nobres, podemos encontrar obstáculos. Não externos, mas internos. Vêm de nossas próprias mentes, são as ilusões de nossas mentes. O verdadeiro inimigo está dentro de nós, não no lado de fora. Quando conseguimos nos disciplinar e controlar nossas mentes através do treinamento e do esforço, obtemos a paz e a tranquilidade verdadeiras. Quando a mente está fora de controle, perdemos imediatamente nossa paz interior e nossa felicidade.

Em última instância, o poder construtivo está tão dentro de nós quanto o poder destrutivo. Assim, tudo está em nossas mãos. Buda disse que você é seu próprio mestre e que tudo depende de sua determinação.

Na prática do *bodhicitta,* temos de evitar todos os tipos de desvirtudes. Primordialmente, temos de evitar a cólera. A cólera jamais produzirá a felicidade, enquanto a afeição pode fazê-lo, em certos casos. Portanto, para o praticante da *bodhicitta,* o maior inimigo é a cólera. Temos um ditado no Tibete: *Se você perder a calma e ficar furioso, morda os nós de seus dedos.* Significa que, se você perder a calma, não o demonstre. Em vez disso, morda os *próprios* dedos.

4. Ao ver seres de natureza perversa, pressionados por desvirtudes e aflições violentas, possa eu estimá-los como se tivesse encontrado um tesouro raro e precioso.

Quando os indivíduos estão de ânimo exaltado por aflições e pressionados por ilusões, os budas *sravaka* e *pratyeka* – praticantes do veículo hinaiana – tendem a evitá-los, pois receiam se envolver e se deixar levar. Os *bodisatvas*, por sua vez, enfrentam-nos com bravura e aproveitam a oportunidade para levar felicidade a outros seres sencientes.

5. Quando, por inveja, outras pessoas me tratarem mal, com calúnias, insultos e coisas semelhantes, possa eu sofrer a derrota e lhes oferecer a vitória.

Quando outros seres o insultam e prejudicam movidos pela inveja, você não deve abandoná-los, mas lhes dedicar mais compaixão e cuidar deles. O praticante deve absorver a perda e oferecer a vitória aos outros. Os praticantes do *bodhicitta* não o fazem com o propósito de se tornarem virtuosos, mas levados pela motivação de ajudar outros seres sencientes.

6. Quando alguém a quem ajudei com grande esperança me magoa extremamente, possa eu considerá-lo meu supremo guru.

Quando, entre aqueles que têm rancor de você, existe alguém a quem você ajudou, e este indivíduo lhe paga da forma errada, você pode sentir vontade de jamais voltar a ajudá-lo. É muito difícil não sentir isto, o que é um grande obstáculo para o praticante do altruísmo. O praticante, no entanto, deve tratar essa pessoa com o maior carinho. Uma pessoa que o magoa pode ser vista como seu guia espiritual. E você descobrirá que seu inimigo é seu melhor professor.

> 7. Em suma, possa eu direta ou indiretamente
> oferecer o benefício da felicidade às minhas
> mães. Possa eu, sem alarde, assumir todos os
> sofrimentos de minhas mães.

Todos desejam alcançar a felicidade e evitar o sofrimento. Quando você se lembra de que as outras pessoas são em número infinito e de que você é um só, não importa quão superior seja, os outros se tornam mais valiosos. Se você tiver o poder do julgamento, descobrirá que vale a pena se sacrificar pelos outros. Um indivíduo não pode sacrificar um número infinito de pessoas em benefício de si mesmo.

Neste ponto, eu recomendo uma visualização especial. Veja a si mesmo como uma pessoa muito egoísta, diante de um grande número de seres sencientes que estejam passando por sofrimentos. Para ter uma ideia melhor, visualize os seres sencientes no momento em que estão sofrendo. Coloque-se como um observador neutro.

Verifique então o partido que deseja tomar. Analise qual é melhor – o bem-estar de uma pessoa ou o bem-estar de muitos seres. Se fizessem isto, mesmo os políticos mais egoístas se uniriam à maioria, sem hesitação. Como é triste ser egoísta!

Uma pessoa que pratica assumir os sofrimentos e os erros dos outros seres sencientes, de todo o coração, treina também dividir com os outros as qualidades e virtudes que possui.

Treine também. No início, é muito difícil amenizar a atitude egoísta. Não se pode controlá-la facilmente. Mas, se você perseverar por longo tempo, será bem-sucedido.

Os primeiros sete versos tratam da prática e dos métodos do convencional. O oitavo verso trata da prática da mais alta sabedoria *bodhicitta.*

8. Possa tudo isso permanecer a salvo das
máculas dos oito princípios mundanos; possa
eu, percebendo os fenômenos como ilusórios,
livrar-me da servidão da existência cíclica.

Se alguém empreende tal prática movido por preocupações mundanas, como o desejo de uma vida longa e saudável, felicidade e perfeição nesta vida, este indivíduo está fundamentalmente errado. Se espera que as pessoas o chamem de grande religioso e coisas assim, está definitivamente errado. E, se alguém pratica o *bodhicitta*, o altruísmo, e vê os objetos de sua compaixão e todos os seres sencientes como verdadeiramente reais, isto também está errado.

Você só pode empreender essa prática com a compreensão de que todos os fenômenos são ilusões. Compreendemos que todos os fenômenos são ilusões por termos refutado ou negado sua existência. O que sobra é pura atribuição – apenas rótulos e designações, que não passam de ilusões. Embora pareçam existir realmente, falta-lhes a verdadeira existência.

Seu livro A Arte da Felicidade *foi um best-seller no Ocidente. No Oriente, a busca da felicidade parece um conceito muito ocidental. Como Vossa Santidade vê a felicidade?*

SS: A felicidade, o nirvana ou *moksha* é a libertação do sofrimento, das emoções negativas, da servidão da ignorância. Este é o conceito do darma, especialmente na filosofia indiana, em que a libertação da ignorância representa a felicidade – e é o objetivo final. Todos os seres são iguais, no sentido de que todos, inclusive os animais, têm o direito de ser felizes.

As pessoas acreditam que dificuldades financeiras, analfabetismo e saúde ruim levam à infelicidade. Dedicam grande atenção ao desenvolvimento material. No entanto, mesmo nos países desenvolvidos do Ocidente, as pessoas sofrem de solidão, ansiedade e angústia, muitas vezes devido a ganância, insatisfação e desassossego mental. Nem dinheiro nem tecnologia podem nos ajudar a desenvolver a paz interior, que requer o tipo certo de atitude mental. Os problemas são causados pela inteligência humana, portanto devemos procurar as respostas no âmbito da inteligência humana.

Os cientistas nos têm informado que o aumento das atividades mentais em certas partes do cérebro é benéfico. Logo as pessoas perceberão que a tranquilidade interior advém de uma mente e de um coração mais abertos, de um interesse por toda a humanidade – como uma só entidade. Para alcançar a felicidade dentro deste conceito, temos de respeitar o direito dos outros de serem felizes. Isso pode parecer idealista, mas a história humana tem demonstrado que muitas coisas que pareciam impossíveis se transformaram em realidade.

Queremos a felicidade, a felicidade que emana de dentro de nós – isto é barato, não? A felicidade e a paz que ninguém pode destruir, roubar ou levar embora. A paz interior é por demais preciosa. A base da paz interior é o amor e a compaixão. Se você concorda com isso, ponha em prática; se não concorda, tudo bem também.

Mesmo após tantos anos de exílio e tanto tempo longe de casa, os tibetanos na Índia parecem muito pacíficos, de modo geral. E Vossa Santidade sempre irradia essa alegria tão contagiante, tão maravilhosa de se ver! Qual o segredo?

SS: Muito obrigado. Como eu disse no início, sou muito feliz pessoalmente. Na verdade, hoje de manhã fiquei entusiasmado, pois foi a primeira vez que ministrei algumas palestras sobre budismo aos nossos amigos indianos. Acredito, e sempre digo isto, que, se os gloriosos ensinamentos de Buda não tivessem florescido neste país – ou não tivessem chegado à minha terra natal –, o Tibete ainda seria um país nas trevas. Mas a luz dos ensinamentos de Buda alcançou o Tibete, atravessando estradas difíceis e épocas difíceis, e lá permaneceu por um bocado de séculos.

Hoje, tais ensinamentos proporcionam uma tremenda felicidade e muita satisfação às almas daquele lado do Himalaia. Como resultado, muitas pessoas acham que os tibetanos, inclusive eu mesmo, são um povo feliz, jovial e alegre. Isto, até certo ponto, pode ser efeito do ambiente e da pequena população, que não tem dificuldade em encontrar alimento e abrigo em um território tão grande. O fator principal, entretanto, são os ensinamentos de Buda – sobre compaixão, bondade e tolerância.

Se os tibetanos conhecem bem o budismo, ou não, é irrelevante. Um certo tipo de ambiente se desenvolveu em torno deles, por conta dos ensinamentos budistas. Somos gratos pelo trabalho dos Mestres Indianos. Sempre me vejo como discípulo deste país, um discípulo dos Mestres Indianos. Hoje, os Mestres Indianos *se tornaram* discípulos; e um discípulo se tornou mestre. É uma espécie de retribuição pela ajuda e pela bondade dos indianos. Foi uma coisa realmente especial, extraordinária. Muito obrigado.

CAPÍTULO 5

SOFRIMENTO

Vossa Santidade, o sofrimento é a maior aflição que assombra a humanidade. Quais são as raízes do sofrimento?

SS: Há muitas causas diferentes para o nosso sofrimento, mas as principais são o apego e o desejo. O desejo tem suas raízes na ignorância. Existem muitos tipos de ignorância, mas estamos falando daquela que concebe erradamente a natureza da realidade. Não importa que nossa mente ignorante pareça vigorosa, o conceito não é válido.

A ignorância a que nos referimos tem duas partes: uma atitude de autoagarramento centrada na própria pessoa e uma atitude de autoagarramento centrada em objetos externos. No contexto do sofrimento e do prazer, todos os fenômenos se dividem em dois: o ser que sofre e os fenômenos externos. Por ignorância, o indivíduo se agarra à própria existência, como se esta fosse independente e eterna. A atitude de autoagarramento também se dirige a objetos externos, que, aos olhos do indivíduo, têm existência independente e inerente.

Determinamos se uma coisa existe ou não através da consciência que a percebe. Ambos os fenômenos, o temporário e o permanente, enquadram-se na categoria de existente ou não existente. O fato de que alguns fenômenos existem ocasionalmente demonstra que dependem de causas e condições; portanto, são chamados de produtos. Por outro lado, os fenômenos que não dependem de causas e condições existem de forma permanente, ou eterna, e são chamados de não produtos.

Podemos testar a nós mesmos: quando temos memórias felizes ou infelizes, passamos por estados mentais flutuantes, como *senti tanto prazer naquela época*, ou *foi uma época tão difícil*, e assim por diante. Naquela época, deveríamos ter refletido: *quem é esse "eu", essa personalidade que sinto tão vividamente?* Reflita agora se você identifica seu "eu" com seu corpo ou com sua consciência.

Então? Consciência ou mente? O "eu" e a "mente" são a mesma coisa? Se são, você poderia dizer "minha mente"? Parece difícil!

Se o sofrimento é uma parte tão intrínseca de nossa existência, como então podemos superá-lo? Vossa Santidade também diz que, antes de embarcarmos no processo de terminar o sofrimento, devemos ter certeza de que o sofrimento pode ser terminado; precisamos de provas. Como podemos encontrar essas provas?

SS: O estado em que alguém se liberta permanentemente do sofrimento é chamado de nirvana. A felicidade eterna é definida como a libertação do sofrimento. O meio pelo qual se atinge esse estado é a verdade do caminho para a cessação do sofrimento.

Qual é a base que alguém tem para se libertar do sofrimento? Temos de nos libertar do sofrimento através da consciência. A verdade do caminho para a cessação do sofrimento é um estado da mente bastante refinado, dotado de uma qualidade especial de sabedoria. Portanto, o desejo de nos livrarmos do sofrimento é consciência, ou mente, e o método para nos livrarmos do sofrimento também é consciência ou mente. Temos de libertar nossas mentes do sofrimento, e suas marcas têm de ser eliminadas da esfera de nossa realidade.

A verdade do caminho para a cessação do sofrimento – a consciência –, que elimina as ilusões mentais, também percebe essa realidade, essa natureza. Portanto, é importante entender o que significa a natureza do vazio.

Como a causa do sofrimento pode ser expurgada, ou eliminada, o próprio sofrimento pode ser eliminado. Podemos eliminar o sofrimento porque suas causas são os atos – o carma – e o fator indutivo da motivação, que derivam de uma mente iludida. Embora a possibilidade de eliminar o carma exista, é preciso entender o carma. Apesar de ser uma causa, o carma tem de ser reativado para produzir um resultado; basicamente, a raiz é a ilusão. Quando falamos sobre a possibilidade de se eliminar a ilusão, percebemos que todas as ilusões derivam de uma atitude de autoagarramento. O que nos remete à questão de como purificar a consciência, que percebe os fenômenos como inerentemente existentes.

Embora todos os budistas discorram sobre métodos para a eliminação desta consciência errônea, o melhor método é o explicado no sistema *madhyamika*. Usando o raciocínio lógico para a negação da existência inerente, é possível compreender a natureza do vazio. Através dessas análises, estabelecemos que a mente pode ser libertada da ilusão.

Existe algum processo específico para a diminuição do sofrimento?

SS: Todos temos um desejo inato de alcançar a felicidade e evitar o sofrimento. Além disso, temos o direito de alcançar a felicidade e nos livrar do sofrimento. Os budistas dizem que este é um direito natural.

Há diversas categorias de felicidade e de sofrimento, que podem ser divididas, grosso modo, em prazer e sofrimento físico, e prazer e sofrimento mental. Entre o corpo e a mente, a mente é mais importante. Portanto, as experiências da mente são mais importantes. Buda diz que existem métodos para se alcançar a felicidade e se libertar do sofrimento.

Segundo o ponto de vista ocidental, as raízes do sofrimento podem ser biológicas – estariam na bioquímica do cérebro. O sofrimento pode também se originar em experiências da infância; em emoções reprimidas; em ansiedades, sentimentos negativos e comportamentos autodepreciativos. O modelo ocidental não é muito encorajador, pois tais aflições não podem ser evitadas. No máximo podemos esperar manter alguma distância delas.

SS: Como você apontou corretamente, os sentimentos podem ser explicados biologicamente, mas até que ponto? Sob o ponto de vista budista – e todas as escolas de pensamento que aceitam a continuação da vida – uma explicação sobressai: o que chamamos de marcas ou disposições cármicas. Passamos por situações no início da vida que acarretam vários tipos de disposições e deixam certas marcas na mente.

Segundo as explicações habituais, todos os pensamentos resultam de alguma mudança no cérebro, ou no sistema nervoso, alguma reação química. Em alguns casos, acontece o oposto – ou seja, o pensamento surge primeiro e, como resultado, algumas reações químicas ocorrem no corpo. Você acredita nisto ou não? Se acredita, como isto é possível?

A visão ocidental entende que a consciência, a mente e os pensamentos são um produto da atividade cerebral, de algum processo físico. Essa é a base. Todas as experiências da mente devem se desenvolver com base em alguma coisa que acontece no corpo. Esse é o fundamento. Então, como mudanças cerebrais podem produzir mudanças no corpo físico?

De modo geral, quando a condição física de alguém não está normal, a pessoa desenvolve cólera e frustração. Mas, se você estiver fisicamente saudável, sente-se mais feliz. Às vezes, sem sinais aparentes, mudanças sutis também ocorrem. Você pode estar calmo e feliz, mas uma lembrança antiga pode passar por sua mente e provocar mudanças físicas.

No nível grosseiro, algumas atitudes mentais decorrem de mudanças físicas. Em outros casos, alguma coisa acontece em nível puramente mental e causa uma mudança física. Se isso ocorre, como então se desenvolveu o elemento mental?

Vamos falar sobre ódio e cólera. A solução ocidental é permitir a sensação de ódio e superá-la, mas não superar a capacidade de odiar. Se você não é capaz de odiar, você não está bem; se você só consegue odiar, sem nunca deixar de odiar, isso também não é bom. Qual é a abordagem budista ao ódio e à agressão?

SS: Temos de descobrir meios eficientes para lidar com emoções negativas, pois sinto que pessoas com emoções negativas formam a maior parte da população humana. Esta é a base da ética secular, sem vínculos com nenhuma crença ou religião. Eu mesmo às vezes uso esses métodos – ou seja, analiso a utilidade da emoção negativa, como o ódio, por exemplo. Depois que você desenvolve um ódio profundo, é difícil dizer se esse sentimento prejudica a pessoa que você odeia. A outra pessoa pode não ser afetada, mas seu ódio afeta *você*; e você acaba perdendo a felicidade, o apetite e o sono.

O ódio, portanto, não tem utilidade. Analise a situação. Se concluir que precisa tomar algum tipo de contramedida, resta saber se esta é justa ou injusta. Se um indivíduo cometeu alguma injustiça contra você, você tem o direito de se defender. Olhe por outro ângulo. Você pode adotar algum tipo de contramedida sem sentir ódio. Geralmente, isto é possível através do pensamento.

O apego é mais complicado. Se você permitir que as emoções negativas cresçam, não haverá limites para elas, que só trazem problemas e descontentamento. É melhor limitar as emoções negativas, como o desejo, o apego, o orgulho e coisas desse tipo.

Devemos eliminá-las completamente ou Vossa Santidade está sugerindo limites?

SS: Ah, sim, limites, é claro. No nível humano, não há possibilidade de eliminação. Se você for praticante do budismo, depois que aceita o conceito de nirvana, ou *moksha*, aceita a possibilidade de eliminar todas as emoções negativas.

Vejamos o desejo. Existem diversos tipos de desejo. Em nível mental, creio que é útil fazer distinções. Pode haver, por exemplo, a raiva positiva e a raiva negativa. A raiva, penso eu, também pode advir do interesse, do afeto. Este tipo de raiva é com certeza positivo e conduz a ações positivas.

O que dizer da raiva no caso da proteção dos direitos de uma pessoa? Vossa Santidade diria que se trata de uma "raiva positiva"?

SS: O perigo na defesa de direitos costuma ser uma extrema desconsideração com o sofrimento alheio. Os outros também têm direitos, assim como eu tenho o direito de defender meus direitos, de conquistar alguma coisa por mim mesmo. Tais sentimentos são, evidentemente, corretos.

O desejo pode ser positivo ou negativo – até mesmo quando envolve uma forte noção de ego. Para desenvolver a vontade e a determinação, para salvar outras pessoas e para realizar boas obras, é preciso autoconfiança. Para isto, você precisa de uma forte noção de ego. "Eu posso fazer isso." "Eu não devo abandonar este trabalho." Uma forte noção de ego é bastante necessária para se fazer tais afirmativas.

Alguém pode pensar em si mesmo como sendo tão forte que não hesita em prejudicar os outros, desrespeitando seus direitos. Esta noção de ego é negativa. Ou seja, existem dois extremos.

Mas quando a cólera é direcionada a um grupo terrorista que provoca a morte de centenas de pessoas, angustiando outras tantas, como lidar com essa cólera aparentemente "justificada"?

SS: Sob certas circunstâncias, precisamos de contramedidas. Se alguém se aproveita de você injusta e ilegalmente, você tem direito de se defender, é claro. Mas faça isso sem cólera e sem ódio. Podemos fazer isto, embora não seja fácil. Uma contramedida tomada após uma meditação analítica, em vez de movida pelo ódio, é mais eficiente. Há métodos para moldar nossas mentes. Com o tempo, a percepção de como as emoções negativas são prejudiciais, inúteis e destrutivas acaba se estabelecendo.

Se você valorizar uma mentalidade positiva, sua atitude diante das emoções negativas poderá mudar. Você se torna cauteloso com elas. Mentalmente, algum tipo de distanciamento se desenvolve por si mesmo. Por fim, as emoções negativas se enfraquecem e já não são tão intensas quanto antes, enquanto as positivas vão se desenvolvendo.

Este é o modo de transformar nossas mentes. O trabalho mental através da meditação analítica e da meditação de ponto único aumenta a acuidade e a prontidão da mente. O resultado mais importante é que, quando se desenvolve uma atitude mais compassiva, isto automaticamente reduz o medo e aumenta a autoconfiança, a determinação e a força de vontade. Quando provém do orgulho, a força de vontade é cega, mas quando possui uma motivação sincera é eficiente.

O budismo considera a paixão e o êxtase qualidades humanas positivas?

SS: Não sei. Se atingirmos o nirvana, ou *moksha*, creio que valerá a pena nos sentirmos empolgados. Mas, na minha experiência, o melhor geralmente é permanecer equilibrado. Muita excitação pode acarretar muita infelicidade. Muitos altos e baixos não são bons. Talvez esse modo de vida, ou de pensar, pareça menos atraente. Mas a longo prazo é melhor, até mesmo fisicamente. Esta é a sensação que eu tenho, com base na minha experiência.

Se o Senhor Buda diz que o sofrimento pode ser eliminado, então em qual fenômeno se transforma?

SS: Na natureza do vazio. A natureza do vazio em que todo o sofrimento já tenha se dissolvido ou se purificado é uma qualidade do *samsara*, a existência cíclica. O vazio do *samsara* e do nirvana são idênticos. Quando percebemos a natureza do *samsara*, é porque alcançamos o nirvana.

Outra explicação é que se a consciência – a mente inerente aos seres sencientes, no *samsara* – é deixada sob a influência de um estado mental negativo, tal estado é conhecido como *samsara*. Por outro lado, se uma pessoa controla sua mente e a mantém em sua natureza intrínseca, isto é o nirvana. O que é muito difícil.

Quando nos encontramos muito perturbados por um estado mental negativo, este deve ser, primeiramente, transformado em um estado mental neutro e, mais tarde, em um estado virtuoso. Se estivermos com raiva, é quase impossível alternar esse estado mental para compaixão ou algum outro sentimento positivo. Tente primeiro alterná-lo para um estado neutro.

Samsara é a existência cíclica; as pessoas giram no ciclo da existência. É preciso entender que o nirvana, como é uma cessação, é considerado um fenômeno permanente, enquanto o *samsara* – a existência cíclica – é um fenômeno efêmero.

O sábio Nagarjuna disse que o nirvana é a completa compreensão do *samsara*. O nirvana é um estado completamente livre do sofrimento. É o término do sofrimento.

CAPÍTULO 6

MOTIVAÇÃO NO CAMINHO ESPIRITUAL

Vossa Santidade, a motivação é um aspecto fundamental da evolução espiritual na filosofia budista...

SS: A motivação é extremamente importante. Há um ditado que diz: *Se você fizer um esforço, a libertação pode ser alcançada, mesmo se você estiver com a família.* Por outro lado, se você não tem iniciativa, nem mesmo abandonar a família para viver em isolamento lhe trará a libertação. Isto é muito verdadeiro.

Quando a motivação central para todas as atividades humanas é a compaixão, todas elas se tornam humanizadas. Sem a compaixão, nossas atividades são mecânicas demais. Se nossas atividades em todas as áreas – educação, economia, tecnologia, pesquisas científicas – forem motivadas por uma sincera compaixão, e não apenas por lucros ou benefícios temporários, isto beneficiará outras pessoas. Nossas atividades diárias se transformarão então nos atos de um *bodisatva.*

Há, no entanto, uma diferença filosófica entre motivação e método. Por exemplo, Gandhi distinguia os métodos dos objetivos, os meios dos fins. Como Vossa Santidade define essa distinção?

SS: Em última instância, com base na motivação. A violência e a não violência, por exemplo. Se movida por sincera compaixão, uma palavra ou ação severa, como a dos pais em relação a uma criança, ou a de um professor em relação a um aluno, não pode ser chamada de violenta. Mesmo quando é aparentemente dura, sua natureza não é violenta. Da mesma forma, se uma emoção ou motivação negativa está por trás da ação – por exemplo, se alguém usa palavras gentis para se aproveitar de outra pessoa –, isto é na verdade uma forma de violência. Portanto, a motivação é o fator mais importante. Dito isto, se o método for drasticamente violento, não pode ser justificado com a desculpa de que sua motivação é correta.

Vossa Santidade, para os budistas, a motivação é preponderante; para os hindus, o método é importante. Vossa Santidade poderia explicar melhor?

SS: Ambos os fatores são igualmente importantes. Para haver uma boa motivação, deve haver um bom objetivo.

Certa vez, em meio a um debate sobre a violência e a não violência, alguém me disse – creio que foi o falecido primeiro-ministro da Índia, Morarji Desai – que o método é muito importante. Em que pesem uma boa motivação e bons resultados, a violência é sempre ruim, segundo ele. Algumas pessoas acreditam nisso. Na visão budista, a motivação e o resultado são mais importantes que os meios. Se a motivação é boa, o resultado é bom.

No Tibete, havia uma estátua de Buda ao ar livre. Estava chovendo. Um indivíduo que passava viu a estátua e pensou: *como pode estar chovendo sobre a estátua, sobre o corpo de Buda?* Então olhou em volta, procurando alguma coisa com que cobrir a estátua. Como só encontrou duas velhas solas de sapato, cobriu a estátua com elas.

Outra pessoa que passava pensou: *como pode alguém colocar velhas solas de sapato sobre a estátua de Buda?* Então as removeu. Como a motivação foi boa em ambos os casos, nenhum mal foi praticado.

O senhor diria que no caminho espiritual também existem diferentes tipos de motivação? Por exemplo, a compaixão e o bodhicitta *são considerados as maiores motivações na busca da perfeita iluminação budista.*

SS: O melhor tipo de motivação é o *bodhicitta* – ou seja, atingir a iluminação pelo bem de outros seres sencientes. O segundo melhor é que nós devemos, pelo menos, aspirar a obter a libertação. O terceiro tipo de motivação é que devemos nos liberar de qualquer apego aos assuntos desta vida terrena, objetivando a felicidade nas vidas futuras.

Para cultivar uma motivação apropriada, ou correta, pense em primeiro lugar que esta vida à qual tanto nos apegamos passa muito rapidamente. Se fosse alguma coisa durável, eterna, valeria a pena nos apegarmos a ela. O período de nossas vidas está limitado a um máximo de 100 anos – em alguns raros casos, a 120 ou 130 anos. Para um ser humano comum, é impossível viver além disto. Portanto, lembre-se sempre da impermanência.

Quando ocorre o fenômeno a que chamamos morte, coisas como riqueza, fama e poder, acumuladas nesta vida, não poderão nos ajudar. A vida é um fenômeno que muda a cada momento. Se alguém deixa de se preparar para as vidas futuras, por estar muito apegado às questões desta vida e ansioso para se divertir, acabará enfrentando muitos problemas.

Desde o início, nossa atitude com relação a esta vida deve ser bem equilibrada. *Sim, estes são os fatos; esta é a realidade* – um sentimento de que está tudo bem, uma atitude meio descontraída... Assim, quando as coisas se tornarem difíceis, a perturbação mental não será tão profunda. Às vezes é útil ler as biografias de pessoas que têm mais experiência de vida. Deveríamos considerar o fato de que, quando as pessoas estão demasiadamente preocupadas com as questões desta vida, enfrentam mais circunstâncias adversas, enquanto as que adotam uma abordagem mais racional e realista da vida têm menos problemas e dificuldades.

Se o bodhicitta *é a motivação suprema, como podemos gerá-lo?*

SS: Para gerar o *bodhicitta*, refletimos sobre o fato de que, tanto quanto nós mesmos, todos os seres sencientes têm uma tendência natural a desejar a felicidade e evitar o sofrimento; e todos, igualmente, têm direito de se livrar do sofrimento e encontrar a felicidade. A única diferença é que você é uma única pessoa, enquanto os outros são em número incontável, infinito. Em outras palavras, você é minoria e os outros são maioria. Embora exista uma grande diferença em número, o sentimento é o mesmo: *eu quero a felicidade; eles querem a felicidade. Eu não quero sofrer; eles não querem sofrer.*

Assim, há uma clara relação entre nós e os outros. Nós dependemos dos outros. Sem os outros, não podemos obter a felicidade – nem no passado, nem no presente, nem no futuro.

Se pensarmos mais sobre o bem-estar dos outros, no final colheremos os benefícios. Pensando desta forma, descobriremos que os outros são mais importantes que nós, e chegaremos à conclusão de que nosso próprio destino só interessa a uma pessoa. Se uma pessoa tem de suportar o sofrimento para que muitas outras sejam felizes, vale a pena sofrer. Por outro lado, se muitas pessoas têm de sofrer para que uma só seja feliz, isto está errado.

Por fim, pense mais no *shunyata*, o vazio. Este é o início de sua ofensiva contra seu inimigo interior. No final, é sua motivação.

Vossa Santidade, se a motivação determina o significado de uma ação, mais que suas consequências ou que a própria ação, como pode alguém praticar a motivação correta, quando sabe que, até alcançar a iluminação, sua mente estará em vários estágios de ilusão?

SS: Você quer saber como pode um budista ter uma boa motivação – coisa sempre ressaltada pelos budistas –, se até atingir a iluminação sua mente está iludida?

Como já mencionei, para lutar contra o inimigo interno, o primeiro passo de um budista será no nível defensivo, o segundo, no ofensivo. Na primeira fase, ainda não estamos em posição de derrotar as ilusões. Empregamos então táticas defensivas, para não cairmos sob a influência de outras ilusões. Na prática imediata, o budista pode se abster de não praticar nenhuma das ações não virtuosas – inclusive matar, roubar e se envolver em condutas sexuais impróprias para um leigo. Esta é a prática imediata.

Todo mundo considera o homicídio algo ruim. As leis às vezes o punem com a pena de morte. Todos concordam que o roubo é uma coisa má. Quando há policiais olhando, um indivíduo se abstém de matar e posa como bom cidadão. Mas, quando não há ninguém olhando, age de modo diferente, e isto é errado. Um praticante dos darmas budistas deverá ser sempre capaz de observar a pura moralidade por si mesmo, haja um policial nas proximidades ou não. Um praticante tem sua própria força policial dentro de si mesmo; e está sempre alerta.

Avalie sempre se suas motivações são puras ou não; examine a si mesmo. Ao acordar de manhã, comece o dia com alguma coisa como um plano mestre. Decida que até a morte – e particularmente neste mês, neste dia – *levarei uma vida de princípios morais, e não me envolverei em nada que faça mal aos outros, mesmo que não possa ajudá-los.* Este é um exemplo de plano mestre para se pensar de manhã. Se você trabalha com negócios, engenharia, educação ou qualquer outra área, observe elevados princípios morais. Isto é importante até mesmo na guerra.

Se você tiver de lidar com homicídios, faça-o segundo elevados princípios e dentro do contexto humanitário. Não perca a sensação de humanidade. Mate só quando absolutamente necessário. Na guerra moderna, há cada vez menos sentimentos humanos, pois tudo é mecanizado. As máquinas não têm piedade, nem sentimentos humanos. Assim, naturalmente, as guerras se tornaram muito destrutivas. Mulheres e crianças são mortas... não há meios de se evitar isto. Uma bomba não tem consciência, nem pode discriminar se deve ou não matar. Portanto, todos são mortos.

Damos excessiva importância às máquinas. O que precisamos fazer é conduzir nossa vida cotidiana dentro de alguns princípios. Assim como a força policial, a força da inteligência deve estar dentro de nós; nossa suprema corte também deve estar dentro de nós. Haja ou não uma suprema corte externa – um juiz, um policial, um punidor –, castigue a si mesmo quando fizer algo errado. Não necessariamente de modo físico, mas mental – arrependa-se. Confesse.

Mais tarde, antes de dormir, assim como alguém envolvido em negócios calcula seus lucros todas as noites, faça alguns cálculos mentais das atividades em que esteve envolvido durante o dia. Quantas atividades negativas e quantas positivas ocorreram? Como estamos dedicando uma atenção especial ao assunto, nosso comportamento irá melhorar ao longo do tempo. Já no início, mesmo uma pessoa facilmente irritável se tornará mais gentil.

Segundo minha própria experiência, o comportamento pode ser melhorado. Este é o primeiro nível da prática. Depois de adquirir algum tipo de poder interior e autodisciplina para controlar as más ações e se tornar uma pessoa boa, honesta e amável – que não faz mal a ninguém –, você será uma pessoa compassiva, amorosa e gentil. À medida que essas qualidades aumentam, você irá se tornando mais estável, mais corajoso, e sua força de vontade se desenvolverá. Essas são boas qualidades humanas, não?

Se não for possível abandonar o álcool, beba menos bebidas alcoólicas. Cigarros também fazem mal à saúde e aos dentes. Temos lindos dentes brancos. Sujá-los é tolice. Queremos um corpo saudável, mas bebemos e fumamos – o que é contraditório.

Mesmo sem ser um monge ou um *brahmachari* [estudante monástico], você pode levar uma vida semelhante à deles – muito pura e sincera.

A compaixão e a bondade são o que chamamos de religião universal, quer acreditemos em reencarnação ou não, quer acreditemos em Deus ou não. Para os budistas, não importa que acreditemos ou não em Buda. O mais importante é ser um bom ser humano. Mais cedo ou mais tarde teremos de morrer. Se só então repassarmos e lamentarmos os anos anteriores, já será tarde demais.

Viva cada dia de sua vida de forma boa e útil; pelo menos, não faça mal às outras pessoas, caso não possa ajudá-las. Quando chegar seu último dia, você estará feliz e satisfeito. Alguns de seus amigos poderão chorar, mas você mesmo estará feliz, não? Não haverá remorsos. Como budista, você cultiva boas sementes nesta vida e, assim, tem a garantia de que sua próxima vida será melhor.

CAPÍTULO 7

CARMA

Vossa Santidade, eu gostaria de iniciar nosso diálogo sobre o carma perguntando-lhe o que me traz aqui. Tudo começou com minha visita oficial no final dos anos 1960, e cá estou eu novamente. Não tenho nenhum propósito consciente para estar aqui, apenas uma espécie de ânsia, sobre a qual sinto que não tenho muito controle. Será o meu carma? Neste caso, o livre-arbítrio seria uma ilusão?

SS: Não temos nenhum controle sobre o carma que acumulamos no passado. Temos de vivenciar seus resultados. Mas temos controle sobre nosso carma referente ao futuro, que é determinado por nossas ações no presente.

Todas as nossas experiências são consequências de nosso carma, nossas ações anteriores. Há certas diferenças relativas, por exemplo, quando falamos da morte. Existem três tipos de morte: como consequência de um carma, quando o mérito se exauriu e por acidente. Entretanto, os três estão inter-relacionados e, de modo geral, decorrem do próprio carma, do passado de uma pessoa – pois em cada caso existe a questão da causa da morte. Da mesma forma, existem doenças relacionadas ao carma, devido a um desequilíbrio dos humores, do organismo, da influência de espíritos e coisas assim.

Aqui, a explicação de dois fatores – causas e circunstâncias – se faz necessária. As condições se referem às circunstâncias imediatas. É o que alguém pode manipular, controlar.

Não há controle sobre o carma que acumulamos no passado. As ações já foram realizadas. Só restam marcas em nossa consciência. Temos de sofrer seus resultados. O que iremos vivenciar no futuro está em nossas mãos e é determinado por nós. Por exemplo, se cometermos um crime, teremos de enfrentar as consequências disto, a menos que tenhamos a possibilidade de tomar algumas medidas purificadoras.

Existe uma espécie de porta dos fundos: a possibilidade de neutralizar o carma mediante práticas de confissão e purificação. Da mesma forma, o carma bom acumulado no passado pode ser destruído por ações não virtuosas, como a cólera. Também é possível que o carma se sobreponha a uma ação.

Se cada indivíduo leva seu próprio carma para a vida seguinte, como se explica o aumento na população mundial? Deve haver um número finito de indivíduos que transportam seus carmas para as vidas futuras. Mesmo que aceitemos a ideia de que muitos deles se encontram em transições cármicas, como outras formas de seres sencientes, o número total de seres sencientes parece estar crescendo – basta verificar a população de mosquitos em Dharamsala. De onde vêm esses seres e criaturas?

SS: Muitos sistemas do Universo são infinitos; portanto, o número de seres sencientes é infinito. Universos inteiros desaparecem de uma vez. Ao mesmo tempo, as galáxias são infinitas; algumas estão se formando, outras estão no auge, outras desaparecendo. Depois da destruição, determinado lugar fica vazio – é apenas espaço. Então novas galáxias se formam. É infinito. Somos como turistas: viemos, permanecemos por algum tempo e vamos embora.

Por que esta infinita jornada da consciência se transforma em uma dualidade entre perfeição e imperfeição – no carma? Por que existe essa divisão entre ilusão e realidade, e como podemos superá-la?

SS: Aryadeva, em seus Quatrocentos Versos, diz que toda a matéria substancial, até mesmo as partículas atômicas, é dotada de uma continuidade intemporal – não tem um início. Isto significa que, se olharmos para a continuidade dos materiais deste livro, teremos de investigar suas causas, sua causa substancial, sua causa indireta e assim por diante. No final, iremos descobrir que não há nenhum início. Mas se queimássemos o livro haveria um final, para o fenômeno que chamamos de "este livro".

Quando nos encaminhamos para a iluminação budista, a consciência básica não tem início nem fim; entretanto, certas consciências como a ignorância, o ódio, a cólera e o apego – os pensamentos negativos – não têm um início, mas têm um fim. Este livro tem um fim, pois existe a possibilidade de ocorrer um fato que é um antídoto à sua continuidade e que o pode destruir. Da mesma forma, esses aspectos negativos da consciência têm seus fatores contrários, que podem ser usados para removê-los.

O mesmo se aplica à atitude de autoagarramento. Como é uma coisa errada e distorcida, é uma consciência equivocada e, portanto, não tem sustentação válida. Por outro lado, a sabedoria que percebe o vazio – que é o fator contrário à consciência equivocada – tem sustentação válida, pois é uma cognição válida. Como ambas as consciências se contradizem diretamente, uma é o antídoto da outra. E o ser tem de resolver isso.

Haverá uma resolução quando alcançarmos a iluminação budista, ou o nirvana – a contradição terá de ser resolvida. Como um dos dois fatores tem sustentação válida e o outro não, o que não a tem será superado e eliminado. É preciso entender que a natureza da mente é pura e não iludida. Embora um indivíduo possa ser irritadiço, encolerizando-se com facilidade, ele não está sempre encolerizado enquanto houver uma consciência. Essa pessoa irritável também pode vivenciar o amor. Sua consciência básica não é a cólera nem o amor.

Achamos que esses diferentes aspectos da consciência são temporários e que sua qualidade básica é a clareza. Isto demonstra que a consciência tem o potencial de eliminar suas ilusões, para que alguém possa finalmente alcançar a libertação ou o nirvana.

Como a mente científica resolve este conceito de não haver princípio nem fim? Isto é logicamente possível?

SS: Para entender isto, é preciso entender os quatro tipos de raciocínio: o raciocínio lógico, o raciocínio das funções, o raciocínio da dependência e o raciocínio da realidade, ou da natureza.

Por exemplo, se formos explicar por que certas substâncias, como as moléculas, têm poderes especiais dentro de si mesmas, a resposta seria que isto está em sua natureza. Não há outra razão; é algo como uma lei da natureza. Com base nisto, temos a lei da dependência. Como há uma interdependência entre diversos fenômenos, por causa de suas agregações, eles possuem determinadas funções, determinados aspectos. Assim, quando nos perguntam por que a matéria é produzida sem consciência, sem conhecimento, ou por que a consciência emerge com a qualidade da clareza, isto é simplesmente obra da natureza.

Mas onde está o início do início dessa realidade e dessa ilusão? Se olharmos para o sofrimento da humanidade, teremos de dizer que essa ilusão é mais comum que a realidade. Por quê?

SS: Isto se explica pela ignorância – o primeiro dos Doze Elos da Origem Interdependente. Mas por que existe a ignorância?

A resposta é que a consciência não tem começo. Se postularmos um início para a continuidade da consciência, teremos de postular uma causa substancial da consciência que não seja a consciência. Isto é muito importante. Existem duas coisas: matéria e consciência. São entidades separadas. No entanto, há uma relação entre elas. Assim como a matéria requer matéria para sua causa substancial, ou principal, a consciência requer outra consciência para sua causa substancial.

Grosso modo, há dois tipos de causa: a causa real e suas condições – ou seja, a causa substancial – e a causa cooperativa. No âmbito da causa substancial, existem muitas causas diferentes. Por exemplo: causa substancial direta, causa substancial indireta e assim por diante. Como a consciência requer outra consciência para a causa substancial principal, é forçoso reconhecer que não há um início para essas consciências. Como a consciência não tem início, a ignorância, automaticamente, também não tem.

Quando alguém concorda com a teoria do carma, como uma relação de causa e efeito, deve também aceitar a continuidade da consciência após a morte. Como o senhor explica o relacionamento entre identidade e consciência no âmbito dos ciclos de nascimento e morte?

SS: A resposta são os intermináveis renascimentos. Com base na continuidade da consciência, um ser – eu, por exemplo – é primeiramente designado como um ser senciente. Dentro desta classificação e neste patamar, todos somos iguais. No patamar seguinte, sou asiático. Muitos são asiáticos; muitos não são. Sou também tibetano, coisa que a maioria das pessoas não é. Sou um monge. E, como monge, sou o Dalai Lama. Portanto, como você vê, um indivíduo pode ser simultaneamente muitos indivíduos.

As circunstâncias podem mudar: se as pessoas deixarem de me olhar como o Dalai Lama, o Dalai Lama deixa de existir. Mas a pessoa ainda é a mesma; o monge permanece. Se eu deixar de ser monge, continuarei a ser tibetano, ser humano e ser senciente. As coisas funcionam assim.

Quando a morte sobrevém, deixo de ser tibetano e ser humano, mas o ser senciente ainda existe... está claro? No próximo nascimento, posso tomar uma forma humana ou animal. Suponha que a consciência, o ser senciente, muda seu corpo físico e passa a ser um animal. Em um nascimento posterior, o corpo pode mudar novamente e voltar a tomar forma humana. E por aí vai.

A personalidade está em tudo, permeia todas as vidas – as vidas passadas, esta vida, as vidas futuras. Há diferentes tipos de personalidade: a personalidade que advém das vidas passadas, a personalidade que é levada para a próxima vida, a personalidade da vida atual, a personalidade de um monge e assim por diante. É possível fazer tais distinções.

Vossa Santidade, existe alguma coisa como carma coletivo? Por exemplo, quando grupos de pessoas, comunidades ou nações estão sofrendo, qual é o carma?

SS: Há diferentes tipos de carma. Um deles é o carma coletivo, que acumulamos coletivamente e cujo resultado teremos de vivenciar coletivamente. Outros tipos de carma se acumulam individualmente e seus resultados são vivenciados individualmente. O fato de todos nós estarmos reunidos hoje aqui é consequência do carma que acumulamos coletivamente. Isto não significa que todos os carmas foram adquiridos juntos, no mesmo lugar, na mesma hora.

Hoje, como você vê, a nação tibetana está passando por um tipo de sofrimento. A causa comum para o nosso sofrimento, acredito eu, não é que a atual geração tenha adquirido esse carma em algum lugar, em conjunto, mas que o adquiriu em diferentes lugares e épocas. Mas às vezes isto acontece. Tendo em vista o sofrimento dos tibetanos, é possível que seu carma tenha sido adquirido de forma coletiva, como comunidade.

Na Primeira Guerra Mundial, por exemplo, milhões de pessoas se envolveram com a fabricação de armas, com a mesma intenção e motivação. Isto pode criar um carma coletivo.

A teoria do carma não pode ser usada para justificar a existência de agressividade, crueldade, injustiça ou para se cobiçar a posição privilegiada de alguém?

SS: Penso que, em alguns casos, essa possibilidade existe. Há uma grande defasagem social hoje em dia. Algumas pessoas são muito pobres, outras, muito ricas. Dizer que os que são pobres ou estão em grandes dificuldades se encontram nesta situação por causa de seu carma não nos ajuda muito. É claro que podemos, em último caso, perguntar quem criou o carma. Nós mesmos! As experiências de hoje ocorrem em função de nosso carma. Nós criamos o carma. O carma está em nossas mãos e sobre nossos ombros.

Só porque não temos nenhuma lembrança de nossas ações passadas, que criaram a presente situação, isto não significa que não sejamos responsáveis por elas. Assim sendo, devemos sempre reagir com compaixão diante daqueles que sofrem. Uma vez que tivermos exaurido nosso carma bom, nosso sofrimento poderá aumentar, e poderemos acabar em uma situação similar à dessas pessoas. Ajudando os outros desprendidamente, podemos acumular carma positivo.

A contracepção e o aborto são assuntos controversos tanto na China, onde são praticadas como política governamental, quanto nas sociedades liberais, onde são praticadas por opção pessoal. Como o senhor vê esse assunto em termos cármicos?

SS: De modo a termos uma sociedade melhor – com melhores padrões de vida –, algum tipo de planejamento, de controle populacional, é necessário. Se este é certo ou errado, depende da motivação. Se a população cresce descontroladamente, o resultado é mais sofrimento. Com boas motivações e respeito pelo bem-estar dos seres humanos, é correto trabalhar pela redução do sofrimento.

CAPÍTULO 8

REENCARNAÇÃO

Vossa Santidade é visto por muita gente como a reencarnação de Avalokiteshvara, o Buda da Compaixão. Vossa Santidade está totalmente consciente de que é uma reencarnação de Avalokiteshvara?

SS: De Avalokiteshvara? Não, não, não! Acho isto um pouco de exagero. Sempre descrevo a mim mesmo como um monge budista.

Acredito que no caso dos meus antecessores – o primeiro Dalai Lama, o segundo e creio que até o sétimo – há claras indicações. Eles são o que você disse, reencarnações de Avalokiteshvara, principalmente o primeiro e o segundo. Quanto a mim mesmo, não acredito ter vínculos com o Dalai Lama original. Mas sinto que tenho um relacionamento especial com o quinto e o décimo terceiro Dalai Lamas.

Há diversos tipos de reencarnação. Em alguns casos, é da mesma pessoa ou ser. Em outros, não se trata do mesmo ser, mas de alguém que veio para ocupar seu lugar. Muitas vezes, como um parente.

Se você me perguntar se eu sou a reencarnação do Dalai Lama, minha resposta será sim, mas não necessariamente no sentido de que vim no lugar do décimo Dalai Lama, para completar seu trabalho.

Como Vossa Santidade reconcilia seu interesse pelos métodos científicos, pela análise lógica e pela racionalidade com o fato de ser uma reencarnação?

SS: Existem várias interpretações para a reencarnação. Particularmente, acredito que reencarnação significa nascer deliberadamente de modo a prosseguir o que foi iniciado em uma vida anterior, ou completar o trabalho de alguém em uma vida anterior. Neste sentido, creio que sou uma reencarnação.

Além disso, como budista, ou como budista que continua a estudar a lógica e a filosofia budista, creio que está cientificamente provado que certas coisas não existem. Portanto, em teoria, isto tem de ser aceito. Por exemplo, se a reencarnação for investigada cuidadosamente de modo científico e ficar cem por cento provado que ela não existe, teoricamente falando, os budistas terão de aceitar isto.

Mas é preciso considerar a diferença entre não *encontrar* uma prova e ter uma prova tangível de que algo *não* existe. Na visão budista, igualmente, se alguma coisa não pode ser encontrada através da filosofia, isto não significa que não exista. Nós acreditamos que a reencarnação existe, mas depende de muitos fatores.

Vossa Santidade sente que é a reencarnação do décimo terceiro Dalai Lama e que há trabalhos "incompletos" para terminar?

SS: Devo responder a esta pergunta com um sim e um não. Em estado de sonho, encontrei-me com o décimo terceiro Dalai Lama por três vezes. Não acredito que eu seja, necessariamente, o mesmo ser. Sinto, no entanto, que tenho uma forte ligação cármica com ele. O décimo terceiro Dalai Lama fez grandes progressos tanto na área temporal quanto na espiritual. Entretanto, também acreditamos que ele tinha um plano a longo prazo para seu trabalho, que se estendia além de seu período de vida. Ele morreu no final da casa dos 50 anos, sem que o trabalho que iniciou tivesse sido completado.

O senhor tem certeza?

SS: Não muita certeza. Mas é o que sinto.

O corpo físico se decompõe após a morte. É a mente, ou a consciência, que reencarna?

SS: Em primeiro lugar você tem de fazer a pergunta básica: "O que é o 'eu'?" Com certeza, este corpo não é o centro do ser, e a mente, por si só, também não é o centro do ser. Para mim, Tenzin Gyatso é o ser humano. Entretanto, sob o ponto de vista do sistema maaiana do budismo, Tenzin Gyatso, o ser central, foi designado para encarnar como um ser humano aqui, e é a combinação de seu corpo e sua mente. Este corpo provém de meus pais e está sujeito a uma série de causas e condições.

O ser é escolhido devido a uma combinação entre o corpo e a mente – e também entre o nível sutil do corpo e o nível grosseiro da mente. O processo do renascimento é a continuação da mente ou a continuação do ser. A reencarnação é um nascimento deliberado em certa ocasião, em determinada área. Pode ser a mesma pessoa e o mesmo ser, ou uma pessoa diferente, que veio para terminar seu trabalho inacabado.

No final, algumas escrituras budistas dizem que a partícula espacial é a causa original deste corpo, e que essa partícula é também a causa de todo o Universo precedente. Mas a consciência, ou mente, muda a cada momento. Portanto, pode ser demonstrado que causas e condições afetam tudo o que sofre mudanças. Como sofre mudanças, a mente também é um produto das causas e condições. Essa é a base da teoria do renascimento.

Atualmente, Vossa Santidade tem lembranças de suas vidas passadas?

SS: Às vezes é difícil eu me lembrar do que fiz de manhã! Entretanto, quando era pequeno – tinha dois ou três anos –, minha mãe e algumas amigas notaram que eu expressava algumas lembranças de minha vida passada. Isso é possível! Mas, se você está me perguntando a respeito de uma lembrança definida, devo dizer que esta permanece um tanto obscura.

Se o budismo está aberto ao questionamento científico, por que a crença na reencarnação ainda sobrevive? Não há nenhuma evidência científica ou racional que a apoie.

SS: A ciência, tal como a conhecemos, envolve a investigação de uma coisa que pode ser medida ou calculada. O conceito de mente não pode ser medido. Creio que até este momento a área científica tem sido limitada, sob o ponto de vista budista. Como estão ocorrendo sofisticadas experiências no cérebro de pessoas que estiveram à beira da morte, isto pode nos levar a um campo mais amplo. Mas ao mesmo tempo temos de levar em conta que a ciência ainda não provou, nem declara, que a reencarnação não existe.

Vossa Santidade, não há o caso de lamas reencarnados que, até certo ponto, têm recordações de vidas passadas?

SS: Isto não é necessariamente apenas um conceito budista, como se vê no caso de duas meninas, de duas famílias diferentes, que vivem em Palampur e Ambala [norte da Índia]. Há cerca de dois anos, enviei algumas pessoas para investigá-las, pois as garotas, que tinham quatro e cinco anos, falavam com muita clareza sobre suas vidas passadas. Cada uma dizia que os pais da outra eram seus próprios pais. Elas agora têm quatro pais – os pais desta vida e os pais da vida anterior. Suas recordações eram tão convincentes que cada casal aceitou a outra menina como se fosse sua própria filha.

Estudei um caso semelhante, de um garotinho que dizia ter mulher e filhos. Seus pais batiam nele e o chamavam de mentiroso. Finalmente, por acaso, um visitante do vilarejo em que ele alegava ter uma família mencionou que havia pessoas com os mesmos nomes que ele citava. O menino foi então levado até o vilarejo, onde, entre quatro mulheres, identificou uma delas como sua esposa e falou sobre os filhos que tinha com ela.

Vossa Santidade pensa em sua próxima reencarnação?

SS: É claro! As palavras de Shantideva foram: "Enquanto existir o espaço, enquanto existir o sofrimento de seres sencientes, eu estarei pronto para servir, para trabalhar por eles." Este verso me dá força interior, esperança e um propósito definido para meu ser.

Estou realmente preparado, desde que minha reencarnação traga algum benefício, que seja de alguma utilidade. Tenho quase certeza de que irei renascer. Em que lugar e sob que forma não sei. Mas a reencarnação do Dalai Lama é um assunto diferente. Pode chegar o dia em que a instituição chamada Dalai Lama já não seja benéfica. Então não mais haverá razão para que permaneça. Nesse assunto, permaneço com a mente aberta.

No que diz respeito ao meu renascimento, até que eu alcance a iluminação budista, acredito com firmeza que continuarei a renascer. Mesmo após a iluminação, estarei sempre em algum lugar, em diferentes manifestações. Esta é a crença budista, o pensamento budista. Sinto que um ensinamento desse tipo mantém nosso otimismo, propósito e nossa determinação.

A necessidade do controle populacional é justificada pelos recursos finitos de nosso planeta, que não pode sustentar o crescimento infinito da população. Algumas pessoas acreditam que estamos impedindo que um grande número de seres sencientes nasça sob a forma humana. O que o senhor pensa?

SS: Isto pode ser resumido em um comentário de Gandhi, que equilibra o conceito cármico da reencarnação: há o bastante para as necessidades de todos, mas não o bastante para a ganância de todos. O mundo teria o suficiente para alimentar todo mundo, se as coisas fossem mais bem divididas e não houvesse uma tendência à acumulação. Os dois argumentos citados por você se equilibrariam até certo ponto caso fosse possível redistribuir o bem-estar. Há muita comida sendo destruída, jogada no oceano, enquanto milhões de pessoas passam fome. Creio que isto é, em parte, tanto uma fraqueza moral quanto uma fraqueza cármica.

A confusão, a meu ver, está em definir o que renasce. Seria a entidade, a identidade? Esta se integraria a uma consciência maior, parte da qual se manifestaria novamente? Penso que esta seja a área confusa, que também inclui a noção de um certo número de almas esperando para renascer. Se entendermos corretamente o "eu", as respostas mudarão.

Mas eu não sei quem é esse "eu". Se eu nascer novamente, não me lembrarei de quem fui antes! A menos que eu tenha consciência de quem sou, que diferença isso faz?

SS: De quem é a continuidade da consciência? A quem pertence? A resposta a esta pergunta é que ela pertence ao próprio ser. Se alguém pode descobrir esta individualidade – este "eu" – ou não, é um assunto diferente. Para alguém dizer que era o mesmo ser na vida anterior, teria de se lembrar dela. Podemos nos lembrar de algumas experiências; de outras não, mesmo nesta vida. Com base nisto, não podemos dizer que tal pessoa não era eu.

Em outras palavras, há pessoas que se lembram claramente de suas vidas passadas. Mas as pessoas comuns não podem se lembrar delas porque o nível de consciência na hora da morte, o intervalo entre a existência anterior e a próxima, é muito sutil. Neste momento, o nível grosseiro da mente, onde estas lembranças são armazenadas, não funciona muito bem. Uma pessoa com alguma experiência na utilização da consciência mais profunda tem uma chance melhor para se lembrar de vidas passadas.

Por favor, explique o que acontece com a mente na hora da morte. O que nos move de uma encarnação para a outra e transporta as marcas cármicas?

SS: Depende das vidas anteriores e da capacitação mental através do *samadhi* – ou treinamento mental. Algumas lembranças, algumas experiências válidas e outras qualidades mentais da existência anterior permanecem intactas na seguinte. Mas o corpo muda, assim como o nível grosseiro da mente. Portanto, na próxima vida, não há muitos vestígios presentes. Mas sempre haverá algum tipo de influência ou marca da vida passada, por pequena que seja.

Na hora da morte existem práticas e treinamentos, dentro das tradições tibetanas, que ensinam como controlar e dirigir a mente sutil. Depois que o corpo grosseiro e a mente grosseira se dissolvem, o que direciona a mente para uma reencarnação adequada na próxima vida?

SS: Depende muito da qualidade das experiências levadas pela mente sutil. Essas experiências, que têm estreita relação com a mente sutil, têm grandes possibilidades de serem levadas para a vida seguinte. Esta continuação ou transmigração da mente sutil, na verdade, é uma espécie de processo natural; da mesma forma, a individualidade é designada pela mente sutil, e a transferência dessa individualidade para a próxima vida é um processo natural. Se esta mente carrega uma marca positiva ou uma marca negativa, como já foi explicado antes, isto dependerá muito do tipo de vida posto em prática na encarnação anterior, ou carma.

A consciência requer uma causa substancial, um momento prévio de consciência. Esta razão básica prova a existência da reencarnação. Se procurarmos mais a continuidade da consciência desta vida além da hora da concepção, essa continuidade poderá ser traçada até a vida anterior. Neste caso, não há razão para que a continuidade da consciência cesse na hora da morte.

Por esta razão, temos de nos preocupar com nossas vidas futuras. Se serão felizes ou infelizes, tudo vai depender de nossas ações nesta vida. Não devemos deixar de pensar nas vidas futuras por estarmos ocupados demais com esta vida.

E há outro aspecto. Todo mundo quer a felicidade e ninguém quer o sofrimento. Se o progresso material pudesse proporcionar a felicidade completa que buscamos, deveria haver pessoas neste mundo totalmente satisfeitas, pessoas que jamais sofreram. No entanto, enquanto tivermos o corpo físico, o potencial para o sofrimento sempre irá existir; esta é a natureza do *samsara.* A encarnação neste corpo é a base do infortúnio. A possibilidade de não mais renascer é algo que vale a pena conquistar. Chamamos a isto de *moksha*, ou liberação.

Vossa Santidade diria que está preparado para deixar de acreditar na reencarnação se existissem provas?

SS: Ah, sim. Falando estritamente do ponto de vista do budismo, penso que, se experimentos científicos, ou investigações, comprovassem com cem por cento de certeza que não existe uma continuação da mente, teríamos de aceitar isso. Normalmente, quando investigamos alguma coisa, avaliamos as razões para estabelecer determinado ponto e se devemos aceitar fatores em contrário. A teoria da reencarnação envolve duas coisas. A primeira é que, mesmo hoje, há pessoas que têm uma clara lembrança de sua vida passada; a segunda é que, se não há continuidade da vida, como este mundo ou o Universo existem?

Deve haver algumas causas. O conceito de Criador levanta muitas contradições; portanto, pelo menos para os budistas, é mais confortável aceitar a teoria da reencarnação – de que o início da vida se deve aos atos que praticam. Assim, o Universo vai e vem, vai e vem. Mas sempre permanece algum elemento de mistério.

Então, segundo a teoria do carma, como matei muitos mosquitos nesta vida, terei de renascer mosquito.

SS: A esse respeito, se eu não executar algum ritual específico de purificação... Pois eu me lembro muito bem de que pequei. Em certa ocasião, no Tibete, eu matei mosquitos. Em outra ocasião, no sul da Índia, matei mais alguns mosquitos. Essas ações são suficientes para provocar um renascimento como mosquito.

Todos os carmas encontram neste mundo as condições internas e externas para serem equilibrados, ou pagos?

SS: Se, por exemplo, alguém acumulou carma para renascer como ser humano neste planeta, mas, por fatores externos, este planeta foi destruído ou precisa ainda evoluir, a ação cármica terá de aguardar sua maturação. Ou a pessoa irá reencarnar em outro planeta. Para renascer numa determinada forma, é preciso que haja condições externas para a existência daquela forma específica. O carma por si só não é suficiente para alguém renascer como ser humano; uma pessoa também precisa de pais.

É preciso acreditar em vidas passadas e futuras?

SS: Se não aderirmos à teoria da reencarnação, ou não aceitarmos vidas passadas, teremos de estabelecer algum ponto de partida para os seres.

Costumo dizer que, seja um crente ou um não crente, é preciso que você seja uma boa pessoa. Esta virtude pode ser desenvolvida sem a aceitação de vidas passadas ou futuras, ou sem a aceitação do budismo ou da teoria cármica. Por si só, já é uma religião.

Tenho a forte impressão de que até pessoas antirreligiosas – como os comunistas, por exemplo – podem ser muito bondosas, como eu mesmo já pude testemunhar. Existem pessoas de bom coração, mesmo que não acreditem na teoria budista ou no renascimento – são aquelas que, por suas qualidades inatas, sacrificam as próprias vidas em benefício das massas.

Amor e bondade formam uma religião universal. Hoje, estamos discutindo o budismo, portanto estou falando sobre esses assuntos sob o ponto de vista do budismo. Se uma pessoa sem a prática budista simplesmente tenta ser uma boa pessoa, é bem possível que tenha êxito. Entretanto, se a pessoa não aceita a existência de um estado de completa iluminação, a questão da *bodhicitta* não vem ao caso, pois se trata de um estado de espírito que aspira à iluminação budista – que é um processo do budismo.

Muitas pessoas costumam fazer uma pergunta: se os budistas não acreditam na atman *– que equivale a alma –, o que então reencarna?*

SS: Os budistas enfatizam a *anatman*, e muita coisa depende da conotação ou do entendimento do significado do termo *anatman*, ou ausência do eu. Muitas vezes ocorrem confusões devido ao uso da palavra em diferentes contextos. Quando falamos sobre a *anatman*, não nos referimos à total inexistência do eu nominal, ou convencional; aceitamos essa existência. Estamos nos referindo, na verdade, à não existência do eu totalmente independente, que nada tem a ver com o eu do agregado físico.

Quando falamos com convicção sobre vidas passadas e futuras, sabemos que deve haver alguma energia ou alguma coisa que provém das vidas passadas, entra no corpo físico e passa desta vida para a próxima, deixando para trás o corpo físico – do qual evidentemente é separada.

Algumas correntes budistas acreditam que, entre a mente e o corpo, só pode ser a mente que vai de uma vida para outra – já que o corpo físico só serve à vida presente. Mas a mente está fortemente entrelaçada com diversos sentidos e órgãos, que também são confinados a uma só vida. Portanto, esta mente deve ser uma mente muito sutil. Deve ser a individualidade – ou a *chitta*, segundo uma corrente budista de pensamento. Mas mesmo na *chitta* existem diferentes níveis. Portanto, em última análise, a individualidade é uma *chitta* mais sutil.

Outra corrente budista argumenta que, mesmo a mente sutil, não importa *quanto* sutil, não pode ser considerada a "nossa" mente. Assim, essa mente é a individualidade. Se a mente se torna a individualidade, tanto a propriedade quanto o proprietário se tornam uma coisa só.

Se a morte é o último estágio da consciência, o que dizer dos fantasmas? Vossa Santidade já viu algum fantasma?

SS: Eu me lembro de que, quando era criança, tinha muito medo de fantasmas.

No budismo, temos seis tipos de reencarnação. A divisão é feita com base no grau de sofrimento ou prazer. Quando a divisão é feita com base nos níveis sutis de forma, sentimento e mente, dividimos os seres sencientes em três reinos, com diversas subdivisões: seis tipos de *devas* [entidades sobrenaturais] que pertencem ao reino do desejo; 16 tipos que pertencem ao reino da forma; e quatro tipos que pertencem ao reino informe. Portanto, temos três reinos: reino do desejo, reino da forma e reino informe.

Os fantasmas podem pertencer a qualquer um desses três reinos ou estados. Alguns são positivos, outros são negativos. Assim como os seres humanos, alguns são cruéis e alguns são bondosos. É assim.

CAPÍTULO 9

NIRVANA/*MOKSHA*

Vossa Santidade, o nirvana, enquanto fenômeno, constitui uma contribuição única e revolucionária do budismo como escola de sabedoria. É também um conceito que se tornou a razão de ser do que chamamos de "iluminação budista" – a lenda de Buda e sua divergência com o tradicional conceito de Deus. Poderia nos esclarecer o que significa nirvana?

SS: Os budistas dizem que os seres não derivam de uma fonte pura, livre de todas as ilusões. Como foi explicado antes, a ignorância não tem começo, portanto, o sofrimento também não tem começo, assim como o *samsara* e a existência cíclica. Atingir o nirvana significa que um indivíduo chega a um estágio onde sua mente está livre de todas as ilusões. Esse estágio é chamado de liberação.

Em última instância, o nirvana tem de ser explicado sob o ponto de vista do vazio, através da cessação do sofrimento, que é a realidade, a extensão do fenômeno em que todas as ilusões são purgadas ou purificadas. Não se trata apenas de um vazio, mas do esvaziamento da mente de todas as ilusões. Este vazio é como a qualidade de ser vazio como *samsara*, o que também está na natureza do vazio. Sob este aspecto, não há diferença entre *samsara* e nirvana.

O nirvana, então, é um estado inerente que aguarda a descoberta ou o derradeiro potencial?

SS: Quando dizemos que as ilusões, os erros da mente, são temporárias, isto explica implicitamente que há uma possibilidade de alguém se libertar delas. Temos esse potencial, mas não temos o nirvana dentro de nós.

Dharmakirti diz, no *Pramanavarttika*, que a simples presença da derradeira causa iria requerer a presença de um efeito, ou prova. Quando dizemos que em uma folha de grama há um inseto com o potencial cármico de se reencarnar como um elefante por cem vezes, temos de dizer também que naquela folha de grama estão cem elefantes.

A natureza de Buda é o potencial inerente à consciência de todos e que, quando ativado pelas circunstâncias, poderá ser totalmente realizado; mas não é o próprio Buda.

O caminho, a qualidade do nirvana como sendo vazio de uma existência inerente... essa natureza está dentro de nós. Seu potencial, pelo menos, está em nossas mentes – e não apenas o potencial, a *coisa* está lá; nós estamos lá. Naturalmente isto existe devido a algum outro fator. Não há existência independente.

Ausência de existência independente é a natureza definitiva – o *shunyata*. O *shunyata* está lá. Fenômenos que existem na dependência de outros fatores são destituídos de uma individualidade independente. Portanto, todos são parte do vazio. Alcançar esse estado definitivo de realização – somos todos parte do vazio – é nosso potencial e nosso nirvana.

Mas, no estado de nirvana, alguém ainda reage a fenômenos?

SS: Ainda existe a distinção entre bom e mau, negativo e positivo. Então sentimos: *isto é bom, isto é ruim.* No âmbito da iluminação, a forma mais elevada é a iluminação de Buda, em que até as aparências da existência verdadeira são evitadas.

Em certa época, creio que no final dos anos 1960, ou início dos 1970, meditei intensamente sobre o *shunyata.* Um dia encontrei um ensinamento de Je Tsongkhapa, em que ele dizia: "A coleção de agregados, a continuidade da coleção de agregados, nada disso é a individualidade." Quando li esta declaração, fiquei muito assustado. Na verdade, foi uma explicação da essência de um dos ensinamentos do mestre indiano Nagarjuna, que diz:

Uma pessoa não é o elemento terra,
Nem o elemento água, nem o elemento fogo,
Nem o elemento vento.
Ao mesmo tempo, não existe pessoa que esteja
Separada deles.

O ensinamento de Je Tsongkhapa também diz que, se você procurar analiticamente pela individualidade, descobrirá que esta é incontrolável. Então, obtive alguma compreensão, ou percepção. Nos dias seguintes, passei a ter sentimentos e atitudes diferentes diante de diferentes objetos.

Como Vossa Santidade definiria o nirvana, ou iluminação, para a mente ocidental, que tende a ver a matéria, que Vossa Santidade chama de ilusória, como a força principal da existência – identificável e provável?

SS: O Ocidente, de fato, tem muito conhecimento sobre a matéria. Mas o conhecimento do Ocidente a respeito da consciência parece muito limitado. Está no estágio inicial. Sem um profundo conhecimento da consciência, até um conhecimento total da matéria é questionável.

De qualquer forma, como o conhecimento é adquirido pelos seres humanos, de modo geral, e não pelos seres sencientes, o principal propósito de adquirir este conhecimento é beneficiar a humanidade. Assim, é muito importante dispor de um equilíbrio entre o conhecimento da experiência interior e, através dela – principalmente no tocante à consciência –, o conhecimento da matéria. Faz uma grande diferença quando usamos essa abordagem equilibrada, e isto não nos faz perder a identidade ou as características de seres humanos.

Mas, quando o cientista aborda a pesquisa científica com um conhecimento parcial sem levar em consideração a consciência interna, ele automaticamente negligencia alguma coisa.

Se nossa abordagem se concentrar apenas no lado material, ignorando a consciência, não há nenhum limite entre a justiça e a injustiça, o certo e o errado. Penso que a sociedade ocidental simplesmente se concentra demais no desenvolvimento material. Toda a energia humana disponível é gasta com a matéria, e a consciência é ignorada. Isto resulta em experiências desagradáveis. Um equilíbrio produziria uma sociedade mais feliz.

Creio que a discussão ou o estudo da consciência não é necessariamente uma questão religiosa. É apenas um assunto muito importante para o conhecimento tecnológico, para o conhecimento humano. E neste ponto a filosofia oriental – principalmente o budismo – tem alguma contribuição a dar ao Ocidente.

Se Vossa Santidade fosse dividir o caminho para o nirvana em etapas, como definiria a primeira delas?

SS: Para alcançar a liberação, antes de tudo, é preciso desenvolver um forte desejo de fazer isto. Em seus Quatrocentos Versos, Aryadeva disse que, para alguém que não mudou sua atitude em relação às posses mundanas, não há possibilidade de alcançar a liberação. Portanto, é preciso identificar o sofrimento e refletir sobre ele. O maior sofrimento ao qual estamos nos referindo é o do condicionamento.

Nossos agregados são impermanentes – ou seja, estão sujeitos a mudanças. São o produto de uma causa. E a causa, neste caso, são as ações contaminadas que cometemos – isto é, o carma, bem como as ilusões que o induziram. Como a forma é o produto desta impermanência, está na natureza do sofrimento.

Há muitos modos diferentes de se contemplar o sofrimento do nascimento. Antes do nascimento, terminados o estágio intermediário e o da Luz Brilhante, não existem sofrimentos óbvios, e os sentimentos são neutralizados. Durante a concepção e após a entrada no útero, o processo de desenvolvimento físico se inicia. A forma se torna cada vez mais grosseira e, a certa altura, o ser começa a vivenciar o prazer, a dor e assim por diante. Na hora do efetivo nascimento, começa o sofrimento. Até certo período, permanecemos indefesos como uma larva de inseto. É como começamos a vida.

Racionalmente falando, nosso corpo não é, de modo algum, um objeto ao qual devemos ser muito apegados. Suas substâncias são impuras. O corpo, em si, não é limpo, e é o produto de corpos que também não são limpos. A causa deste corpo são os fluidos regenerativos dos pais, que também são impuros.

O corpo produz fezes e urina. Este é o principal objetivo do corpo – consumir comida e bebida e produzir dejetos humanos. Se eu pensar na quantidade de comida e bebida que consumi até hoje, percebo que consumi um bocado. Ao mesmo tempo, descarreguei coisas como muco, que, se colocadas juntas, formam também uma grande quantidade.

Além de tudo isso, com este corpo físico, nós trapaceamos, intimidamos outras pessoas e criamos problemas. De que vale esta vida?! Se pensarmos nisto, a vida é muito entristecedora. Por mais belo e forte que seja o corpo, suas verdadeiras substâncias, como a pele, a carne e o resto, não são belas, mas impuras.

Ninguém olha o vaso sanitário como uma coisa limpa, não é? Mas, na verdade, nosso corpo é um vaso sanitário. As coisas dentro de nós não vêm do céu; vêm do corpo. Portanto, qual o sentido de termos apego ao corpo? O corpo, em si, não é sagrado.

Felizmente, junto com este corpo, temos uma mente humana. Somos capazes de pensar e de analisar muitas coisas, e é isto o que vale a pena. Com o poder de nossa inteligência, podemos dar um sentido a nossa vida.

Animais e insetos podem desenvolver um tipo limitado de altruísmo. As abelhas e as formigas, por exemplo, são insetos sociais e possuem um senso de responsabilidade e de genuína cooperação nas horas boas e ruins. Esta é sua estrutura social. A natureza humana também é assim. Não podemos sobreviver sozinhos; dependemos dos outros, gostemos disto ou não.

Sim, estou entendendo – desapego ao corpo físico é a primeira realização. Mas como alguém pode treinar a mente para passar do apego ao altruísmo?

SS: Os mestres hindus desenvolveram dois sistemas principais para o treinamento e o desenvolvimento de uma mente altruísta: *O Método de Sete Pontos de Causa e Efeito* e *Igualando-se e Trocando-se com os Outros*. Atualmente, quando empreendemos a prática do *bodhicitta*, combinamos ambos os sistemas.

– O primeiro dos sete pontos é cultivar a equanimidade, ou seja, um estado mental que procura equalizar o profundo apego aos amigos, o profundo ódio dos inimigos e uma atitude indiferente para com as pessoas neutras.

– O segundo estágio é nos lembrarmos de nossas infinitas reencarnações, para que possamos reconhecer que todos os seres sencientes foram nossas mães, nossos amigos e parentes em uma ou outra ocasião.

– O terceiro ponto é, depois de reconhecê-los como tais, nos lembrarmos da bondade que tiveram conosco e refletirmos sobre ela. Esta atitude – uma recordação especial de atos bondosos – não discrimina amigos e inimigos; até os inimigos são olhados como muito bons.

– O passo seguinte é retribuir a bondade deles, refletindo sobre como nossas mães desta vida nos tratam com bondade, e como os pais de outras pessoas tratam seus filhos com bondade.

– Então vem o estágio do amor e da bondade. Trata-se de um estado mental que aprecia todos os seres sencientes. Depois de desenvolver amor e bondade para com todos os seres sencientes, desejamos que todos eles sejam libertados do sofrimento. Isto é compaixão.

– Em seguida, adotamos uma atitude inusitada, em que chamamos a nós a responsabilidade de libertar do sofrimento todos os seres sencientes.

– O estado final é o verdadeiro *bodhicitta*, a atitude altruísta de atingir a iluminação. Esta é alcançada em parte pela força de nossa compaixão por todos os seres sencientes, a sensação de ser capaz de libertá-los do sofrimento; e em parte pela compreensão de que a mente de um ser senciente pode se libertar das ilusões. Todos os seres sencientes têm o potencial de alcançar um estado de onisciência. Esta compreensão, combinada com a força da compaixão, produz a experiência do *bodhicitta*.

Este é o Método de Sete Pontos de Causa e Efeito. O segundo sistema é também o cultivo da equanimidade, mas de forma diferente:

– Todos os seres sencientes são iguais em seu desejo de encontrar felicidade e evitar o sofrimento. Termos consciência disto é como nos igualarmos aos outros.

– O segundo ponto fala sobre as desvantagens de alimentarmos a autoestima. Embora um indivíduo egoísta demais seja assim por querer toda a felicidade para si mesmo, ele acaba fazendo muitos inimigos e poucos amigos. Por outro lado, se estimarmos os outros em vez de a nós mesmos, o resultado será o oposto: mais amigos e menos inimigos.

Em suma, como disse Shantideva em seu *Bodhicaryavatara*, todas as frustrações que se encontram neste mundo resultam do pensamento egoísta; e toda a felicidade advém da estima pelas outras pessoas. Trata-se de uma reflexão sobre as desvantagens da autoestima e as vantagens da estima pelos outros. Ao aplicá-la, o indivíduo se troca com os demais.

– O passo seguinte é a prática de dar e receber, seguida pelo cultivo do *bodhicitta*, propriamente dito.

De modo a desenvolvermos um genuíno altruísmo, é preciso controlar a cólera e o ódio. Para isso, é preciso praticar a paciência e a tolerância. Sem elas, não se pode controlar a cólera. Praticá-las requer um inimigo. Sem um inimigo, não se pode desenvolver essas qualidades. Este é o ponto. Quando você pensa assim, consegue realmente usar o inimigo, independentemente das motivações dele.

No que me diz respeito, os inimigos têm sido muito úteis. Quando alguém é capaz de vê-los como úteis e bondosos, não se pode mais vê-los como inimigos. Nosso maior obstáculo é nosso inimigo. Quando nos concentramos nesse obstáculo – o inimigo –, todo o resto se torna muito fácil.

Ver nossos inimigos como professores é um estágio avançado do altruísmo. Como pode alguém controlar o egoísmo obsessivo da mente ilusória e começar a valorizar o altruísmo em primeiro lugar?

SS: Todos os desejos mundanos – como fama, fortuna, saúde e assim por diante – dependem da bondade dos outros. São realizados segundo a vontade dos outros. Até mesmo a possibilidade de estarmos aqui juntos, debatendo confortavelmente, foi trazida até nós pela contribuição de muitos outros – aqueles que construíram esta casa, que teceram os tapetes, que fabricaram o ônibus que você tomou para vir aqui... Todos esses fatores nos reuniram. Sem eles, não teríamos tido a oportunidade de nos encontrar. Há pessoas conhecidas e desconhecidas envolvidas, e sem o envolvimento delas não poderíamos nos reunir.

Pense dentro desses parâmetros e você desenvolverá a convicção de que, sem a ajuda dos outros, não poderia sobreviver. Pense também no carma: a possibilidade de desfrutar desta agradável reunião é fruto de suas ações virtuosas no passado. Pense no que significa o carma virtuoso. Significa que fizemos alguma coisa com o propósito de ajudar os outros. Assim, até mesmo a acumulação de carma virtuoso tem como base outras pessoas.

O budismo como religião e Vossa Santidade em particular afirmam que o bodhicitta *é o caminho insuperável para a liberação. Por quê?*

SS: De todas as práticas budistas, o *bodhicitta* é tido como a mais preciosa. O *bodhicitta* tem suas raízes na compaixão. Sem os seres sencientes que sofrem, não podemos desenvolver a compaixão. Não podemos cultivar a compaixão com o foco em Buda; só é possível desenvolver a compaixão focalizando os seres sencientes que sofrem. A causa direta do *bodhicitta* só é possível com o foco nos seres sencientes. Ao desenvolvermos o *bodhicitta*, obtemos as bênçãos de Buda. Sob este ponto de vista, acabamos descobrindo que os seres sencientes são mais bondosos que Buda. Os objetos que acalentamos e consideramos valiosos – como a cessação e os caminhos – não têm boas motivações, mas as acalentamos e valorizamos.

Já falamos sobre a atitude inusitada de assumirmos a responsabilidade de libertar do sofrimento os seres sencientes. O *bodhicitta* induzido por esta atitude incomum é muito poderoso. Trata-se da prática combinada dos dois sistemas que discutimos antes: *O Método de Sete Pontos de Causa e Efeito* e *Igualando-se e Trocando-se com os Outros*. Essa prática útil e eficaz nos proporciona força interior, tranquilidade e um coração generoso. É o verdadeiro refúgio. Até uma pequena experiência resultante dessa prática nos oferece força e paz interior.

Como principal ensinamento do budismo, não seria o bodhicitta *a fórmula perfeita para assegurar a paz mundial e um mundo mais humano?*

SS: Sim. As pessoas que não aceitam a existência de outra vida ou do nirvana estarão bem enquanto permanecerem membros bondosos da sociedade humana. Isto beneficiará suas mentes. É o primeiro passo no sentido do desenvolvimento de uma paz mundial genuína e duradoura. A paz externa não pode ser desenvolvida sem a paz interna – e isto é realmente um *ensinamento* profundo.

Para o praticante do *bodisatva*, todos os seres sencientes são seus amigos e todas as situações são propícias à sua prática. Seus verdadeiros inimigos são uma atitude egoísta dentro de si mesmo, o autoagarramento e visões distorcidas. Quando alguém age desse modo, não está isento de todos os medos. Mas, pelo menos no nível da mente, acaba adquirindo certa sensação de paz e se libera dos medos. Eis como alguém cultiva a aspiração de alcançar a libertação e de alcançar o estado onisciente.

Vossa Santidade, qual seria sua explicação para a experiência mística do budismo? Como a compreende?

SS: Até mesmo um autêntico praticante pode vivenciar diferentes tipos de experiências místicas. No estágio inicial, essas experiências não são confiáveis. Portanto, se ele ou ela as considera importantes, grandes experiências, está totalmente enganado. É muito perigoso agir assim.

Tão logo sua mente se desenvolve mais através da prática, aquilo que, para você, é simplesmente uma manifestação ou um reflexo de sua experiência profunda parece uma experiência mística para outras pessoas. Mas, para você, é uma coisa normal. Portanto, creio que devemos fazer uma distinção.

Vossa Santidade, nirvana, moksha, *iluminação e iluminação budista são termos que caíram no uso comum. No entanto, seu significado está longe de ser claro. Por exemplo, o que acontece com a "mente" durante esses estados?*

SS: Segundo a filosofia budista, quando uma pessoa ou "individualidade" ainda está presente, a mente ainda está presente, mesmo quando se alcança a perfeita iluminação budista. No estágio de Buda, a identidade individual ainda está presente. De acordo com outra escola de pensamento, o patamar mais alto é quando uma pessoa deixa de existir e a mente também deixa de existir. Se isto é verdade, eu prefiro não atingir o nirvana; prefiro esta vida a um estado em que não há sentimentos, pois não acho que este estado seja uma coisa positiva.

Por exemplo, segundo a *vaibhasika* – uma corrente budista –, o *mahaparinirvana* é um estado que, além de estar livre das ilusões mentais, também está livre da própria mente. Não há continuidade da mente. Segundo essa escola, Buda Shakyamuni é apenas uma figura histórica. Ele não existe mais.

Nagarjuna refutou isto, afirmando que, se o nirvana definitivo está livre da mente, onde está a pessoa que o efetivou? Temos de acreditar, temos de concordar, que o estado de nirvana é alcançado por uma pessoa. Tem de haver uma pessoa para alcançá-lo.

Quando dizemos que o nirvana ou a liberação é um estado completamente livre das ilusões, isto não significa que a própria mente tenha deixado de existir. Existe alguma coisa, alguma coisa positiva, não existe? Se alcançarmos o nirvana seremos felizes, não seremos? Mas se o nirvana fosse completamente vazio, se tudo fosse interrompido, seria preferível não o atingirmos, não seria?

O nirvana é um estado em que não há sentimento algum ou um estado em que há um tipo *diferente de sentimento?*

SS: Exato, um tipo diferente de sentimento.

O que há de diferente nesse tipo de sentimento?

SS: É difícil dizer... Primeiro, deixe que eu chegue lá [risos]. Principalmente, é claro, há um sentimento de realização. Toda a atitude em relação aos fenômenos se modifica inteiramente. Hoje temos cólera, apego e todos os demais pensamentos e sentimentos negativos. Com nossos pensamentos negativos, não podemos perceber ou compreender a verdadeira realidade.

Nossa perspectiva é deturpada. Devido à nossa ignorância, ao apego à própria existência, tudo parece existir por si mesmo – tudo nos parece firme e sólido. Quando atingimos o nirvana, esses pensamentos negativos ou distorcidos são completamente purificados; como resultado, toda a nossa atitude diante dos fenômenos é diferente.

Vossa Santidade, Buda não respondeu a algumas perguntas por ser onisciente. Vossa Santidade não respondeu à minha pergunta sobre a possibilidade de chegarmos ao nirvana através do riso. Foi pelo mesmo motivo?

SS: Não entendi sua pergunta. Não porque eu seja onisciente, mas porque no meu caso há um *obscurecimento* ao conhecimento.

CAPÍTULO 10

CONSCIÊNCIA

A consciência continua a ser um fenômeno complexo para a mente moderna, quer seja estudada pela ciência, quer pela espiritualidade. Vossa Santidade poderia esclarecer como o budismo define a consciência?

SS: A consciência, de modo geral, é dividida em duas partes: a consciência sensória e a consciência mental. O funcionamento da consciência sensória – a ocular, digamos – depende de condições objetivas e internas, que possibilitam seu funcionamento. Com base nestas duas condições, o órgão sensório também precisa de outro fator: o momento que precede a própria consciência.

Vamos tomar como exemplo esta flor, a consciência visual que vê esta flor. A função da condição objetiva, que é a flor, é produzir a consciência visual que possibilita a percepção dos diferentes aspectos da flor.

A *vaibhasika*, uma das correntes budistas, não aceita a teoria do aspecto. Diz que a consciência visual tem relação direta com o próprio objeto. É uma teoria muito difícil de explicar, pois estabelece que as coisas não são percebidas pelo aspecto, mas por contato direto. Outras correntes afirmam que as coisas de fato possuem aspectos, através dos quais a consciência percebe o objeto.

A teoria dos cientistas modernos, que aceita o aspecto do objeto mediante o qual ele é percebido, parece ter fundamentos mais lógicos. A consciência visual percebe uma forma, não um som, que é a impressão no órgão sensório do qual depende. Qual é a causa que produz essa consciência visual? É o produto do momento que precede a consciência que produz a consciência visual.

Embora estejamos falando de estados em que os níveis grosseiros da mente se dissolvem, como estados de consciência e outros, a consciência sutil retém sempre sua continuidade. Se alguma das condições – por exemplo, o momento que precede a consciência – não estiver totalmente presente, mesmo quando o órgão sensório e o objeto se encontram, ambos não poderão produzir a consciência visual que o enxerga.

A consciência mental é muito diferente, e os modos como as consciências sensória e mental percebem um objeto também são muito diferentes. Como a consciência sensória não é conceitual, percebe todas as qualidades ou atributos do objeto de forma coletiva.

A consciência mental é principalmente conceitual. Percebe um objeto através de uma imagem. Apreende um objeto excluindo o que ele não é. Temos de analisar profundamente se a consciência é realmente criada a partir de partículas químicas do cérebro.

Como líder espiritual, Vossa Santidade tomou uma iniciativa sem precedentes ao envolver a comunidade científica na análise, experimentação e validação dos fenômenos espiri-

tuais. Mas a mente e o cérebro ainda são assuntos complexos mesmo para os cientistas. Qual a posição deles em relação ao assunto, e em que ela difere da sua?

SS: Nos últimos anos, reuni-me com cientistas das áreas da física nuclear, da neurologia e da psicologia. Foi muito interessante. Temos de aprender certas coisas com suas experiências, com suas últimas descobertas. E os cientistas, igualmente, têm demonstrado um profundo interesse em conhecer melhor as explicações budistas sobre a consciência e a mente.

Levei o assunto a muitas pessoas, mas nunca encontrei uma resposta satisfatória. Por exemplo, se abraçarmos a posição de que a consciência não é mais que um produto da interação entre partículas no interior do cérebro, teremos de dizer que todos os tipos de consciência são produzidos a partir de partículas do cérebro.

Tomemos as possíveis experiências relacionadas a uma rosa. Um indivíduo pode vê-la como uma rosa de plástico – o que seria uma consciência incorreta. Mais tarde, poderia duvidar de sua interpretação e achar que aquela rosa poderia não ser de plástico. Assim, a consciência incorreta se transforma em uma indecisão. Depois, ele presume que seja uma flor natural – isto é ainda uma presunção. Finalmente, depois de algumas situações, como tocar e cheirar a flor, ele descobre que se trata de uma rosa natural.

Durante todos esses estágios, sua consciência foi direcionada para um único objeto, mas ele passou por diferentes estágios de consciência: da visão errada à dúvida, à conjetura e, por fim, à percepção válida. Vivenciou diferentes estágios de consciência. Como se pode dizer que as partículas químicas mudaram durante o processo?

Outro exemplo: vemos um indivíduo e achamos que ele é nosso amigo. Mas este indivíduo não é nosso amigo. Nós nos enganamos e nossa consciência se enganou. Quando vimos aquele indivíduo, a interpretação de nossa consciência foi incorreta. Mas quando alguém nos disse que o tal indivíduo não era nosso amigo tudo mudou. Ao ouvirmos esse som, mudamos de uma percepção incorreta para uma percepção correta.

E o que dizer das experiências dos grandes meditadores? Quando um deles entra em um estado de meditação profunda, sua respiração cessa e seu coração para de bater. Alguns de meus amigos que praticam essas coisas permanecem sem respirar e com o coração parado durante alguns minutos, creio eu. Quando alguém permanece assim durante algumas horas, qual é a função do cérebro durante esse período?

Com base em tudo isso, estou tentando argumentar que existe um fenômeno, chamado consciência, que tem existência própria, independente das células cerebrais. Embora o nível grosseiro de consciência esteja estreitamente relacionado ao corpo físico, está também relacionado ao cérebro. Mas a consciência de sua natureza é algo diferente. A consciência sutil é mais independente das partículas físicas.

É assim que as funções físicas de um meditador param quando ele atinge o estado de profunda consciência; mas a consciência continua ali. Naquele momento, como as funções físicas foram interrompidas, o nível grosseiro da consciência desaparece e o nível sutil se torna óbvio.

Então a consciência é um fenômeno de muitas camadas? Por exemplo, qual o estado que se vivencia durante a morte?

SS: Há diferentes estados de consciência: o estado de vigília, o onírico, o de sono profundo e o de inconsciência – em um desmaio, por exemplo, o estado mais sutil da consciência. Segundo o sublime *iogatantra*, o verdadeiro processo da morte é precedido por oito processos de dissolução, ou seja, a dissolução dos elementos da terra, água, do fogo, vento e espaço. Atravessamos então os processos conhecidos como aparências: crescimento do vermelho; negro, próximo ao fim; e a Luz Brilhante da Morte. Algumas pessoas vivenciam essas dissoluções até determinado estágio e depois retornam. Encontrei indivíduos que passaram por isto e se mostravam fascinados com as ocorrências inusitadas.

Segundo os mais elevados tantras budistas, eles parecem ter vivenciado um nível profundo de consciência, e depois regressado. Quando, após a experiência da Luz Brilhante da Morte, alguém deve renascer numa esfera em que há um estado intermediário, ou *bardo*, ele atravessa esse estado. Quando, por exemplo, a criatura vai renascer como humano, ela vivencia o estado intermediário antes que a consciência entre no útero. O processo é o mesmo para bebês gerados em tubos de ensaio. De qualquer modo, o processo da vida se inicia e termina com a experiência da Luz Brilhante.

Se não aceitarmos a continuidade da existência, temos uma grande pergunta: como o mundo evoluiu? Se aceitarmos a teoria do *big bang*, por que o *big bang* ocorreu? É evidente que todo o sistema do Universo primeiro evolui, permanece e finalmente desaparece. Se adotarmos a posição de dizer que as coisas podem existir sem nenhuma causa, podemos encontrar inconsistências lógicas. Por outro lado, se aceitarmos uma causa, temos de aceitar a teoria de um Criador. Neste caso, também, há muitas inconsistências lógicas.

Segundo o ponto de vista budista, como os seres sencientes fazem parte do ambiente, ou do hábitat, o Universo evolui. Isto significa que, se aceitarmos a continuidade sem início do Universo, há um modo de se explicar o ciclo de vida. Embora esta posição levante menos questionamentos, algumas perguntas ainda surgem. Por exemplo: por que a consciência não tem um início?

Preferimos uma resposta incompleta, mas menos controversa. Aceitamos que não há um início nem um fim para a consciência sutil. Na perfeita iluminação budista, a consciência sutil sempre existe; não há fim.

Como Vossa Santidade faz a distinção entre o que conhecemos como mente cognitiva e a consciência?

SS: Existem dois tipos de consciência mental: a conceitual e a não conceitual. A consciência mental não conceitual é também conhecida como percepção direta. Todas as correntes budistas aceitam três percepções diretas: a *sensorial*; a *mental*; e a *iogue* – adquirida através de meditação.

Há seis consciências primárias, desde a consciência visual até a mental. Todas são acompanhadas por fatores mentais – os cinco fatores mentais que estão sempre em funcionamento e os que às vezes estão presentes, outras vezes não. Os sutras explicam que a consciência visual enxerga uma forma, mas não percebe que se trata de uma forma. Devido às diferentes funções, as consciências são divididas em duas: cognição válida e cognição inválida.

Para alcançarmos os resultados desejados, devemos seguir a cognição válida. Os resultados da cognição válida podem ser ininterruptos ou interruptos. Há três tipos de cognição inválida: não percepção de um objeto, consciência incorreta e dúvida:

- A *não percepção* inclui a consciência que percebe a aparência de um objeto, mas não consegue registrá-lo, não consegue reconhecê-lo. Isso também inclui a consciência que é apenas uma conjetura.

- A *consciência incorreta* distorce o objeto que apreende.

- Há três tipos de *dúvida*, ou consciência vacilante: a que tende a gravitar em direção à verdade, a que segue em direção à percepção incorreta e a que se equilibra igualmente entre as duas primeiras.

Existem diferentes níveis de cognição inválida. Para neutralizá-las, existem diferentes estágios de transformação da consciência. No primeiro estágio, é preciso neutralizar a visão incorreta. Para isso, há métodos como os silogismos, mediante os quais alguém demonstra sua própria posição e destrói a força da visão incorreta.

Depois que a visão incorreta desaparece, vem o estágio das dúvidas e mais dúvidas. Estas são superadas com o uso de silogismos e raciocínio lógico. Uma compreensão inferida do objeto é obtida. Quando se desenvolve alguma familiaridade com o objeto, alcançamos o estágio em que a consciência se torna não conceitual.

Há três tipos de sabedoria: a que decorre da simples audição, a que decorre da contemplação e a que decorre da meditação. Essas são apenas algumas explicações básicas da consciência.

De modo a compreender a consciência em detalhes, é preciso entender como os diferentes objetos se apresentam à consciência, os agentes mediante os quais se reconhecem as diferentes apresentações e o modo como a consciência coopera com o objeto. A consciência se relaciona com seus objetos por diferentes meios.

Para a consciência não conceitual, há o que se chama objeto observado, mas não existe um objeto de conceituação como no pensamento conceitual. Para o pensamento conceitual, há o que é chamado de objeto de conceituação. Há também certos tipos de objetos, conhecidos como objetos de apreensão. Existem diversos níveis de objetos.

Quando Vossa Santidade fala a respeito de consciência sutil, faz alguma distinção entre a consciência em si, a consciência de alguma coisa e a consciência para alguma coisa?

SS: É muito difícil imaginar a consciência sem nenhum objeto, pois o próprio termo consciência significa estar cônscio de alguma coisa – de um objeto. Creio que o termo *consciência* é aplicado ao nível grosseiro da mente, sob o ponto de vista da ação. A consciência sutil se torna óbvia em pessoas comuns somente quando estas estão inconscientes – em um desmaio, por exemplo.

Quando consideramos os oito processos de dissolução da morte, o sétimo é o negro, perto da conclusão, que é dividido em duas partes: a primeira ainda retém a memória sutil; na segunda parte, perdemos esta também. Temos a experiência da Luz Brilhante por força de nossas ações cármicas. É como um processo de dissolução natural, em que os agregados que obtivemos como consequência de nossas ações cármicas deixam de existir. Atravessamos este processo de forma natural.

Existe a possibilidade de vivenciarmos o processo de Luz Brilhante mediante treinamentos de ioga, ventos e assim por diante, nos quais o meditador, em função de suas realizações, produz a experiência através de meditação. Ele alcança o nível sutil de consciência, mas permanece consciente; não perde o controle. O meditador tem de direcionar este tipo de experiência para a realidade, para a natureza do vazio. Isto responde à sua pergunta?

Sim, obrigado. E quanto aos sonhos – têm um significado? Como devemos interpretá-los, principalmente quando são perturbadores?

SS: Um determinado sonho pode se repetir várias vezes, e ter um significado. O período em que se sonha também é importante. Os sonhos ocorridos ao alvorecer podem ser avisos, portanto devemos investigá-los. Se alguém quiser levar isto a sério e quiser ir mais fundo, pode investigar seus sonhos com o auxílio de certas iogas do vento. Com essas práticas, os sonhos se tornam mais claros e definidos. Muitas vezes, os sonhos são encarados como ilusões, sem nenhuma verdade.

Segundo a *madhyamika prasangika*, a mais prestigiosa corrente budista, todas as nossas experiências de consciência, mesmo durante o estado de vigília, são consideradas equivocadas, pois dependem da aparência do objeto. Nós as percebemos de modo incorreto. Nossas experiências durante os sonhos, portanto, podem ser ainda mais equivocadas.

Sob que condições a consciência dos sonhos extrapola a realidade?

SS: Quando falamos sobre a consciência dos sonhos e o corpo dos sonhos, estamos falando de um tipo de experiência muito diferente, no qual o corpo é autônomo, independente do corpo físico, grosseiro. Entramos em um plano inteiramente diferente. O corpo dos sonhos pode enxergar a verdadeira realidade. Durante o dia, o corpo dos sonhos de uma pessoa pode perceber que é de dia: dia é dia, noite é noite.

O corpo dos sonhos especial pode sair do corpo físico. Muitos anos atrás, encontrei um indivíduo que teve esse tipo de experiência – não em decorrência da prática, mas em decorrência do carma, das experiências de vidas passadas. Esse indivíduo se sentia muito desconfortável e me perguntou o que fazer. Parecia que, durante os sonhos, ele saía do corpo e via seus amigos, veja só... ele via coisas reais. Assim é o corpo dos sonhos especial.

A meditação é o único meio de entendermos nosso subconsciente, de nos conectarmos ao poder dos sonhos?

SS: A compreensão de nossa própria natureza se desenvolve através da meditação profunda – não há outro modo. Quanto mais sutil é o nível da consciência, mais profunda se torna a meditação. O nível de consciência durante os sonhos é mais sutil que durante o estado de vigília. A meditação empreendida durante o estado de vigília é igual ao estado onírico. Seus métodos são muito poderosos.

O que eu disse antes sobre a investigação dos sonhos é assim. Às vezes temos sonhos que nos avisam que iremos ouvir uma notícia sensacional no dia seguinte. Dentro de nossas consciências, temos o potencial de prever o futuro. Embora não sejamos capazes de compreender inteiramente esse futuro, algumas indicações podem aparecer. Mas nem sempre são muito confiáveis.

CAPÍTULO 11

SHUNYATA

Vossa Santidade, talvez o conceito mais assombroso e fascinante do budismo seja o shunyata, *ou vazio. O que é* shunyata*?*

SS: O significado de *shunya* não é "nada", mas a ausência de uma essência absoluta. O significado budista de *shunyata* é a falta de uma existência independente, ou lado objetivo. Uma coisa existe, mas não por si mesma. Sua existência se deve a outros fatores.

Quando os cientistas começaram a explicar a teoria quântica, relutaram em usar a palavra *realidade*, como se esta fosse independente. Para muita gente, *realidade* significa uma realidade independente da natureza; mas tal coisa não existe, é claro. Uma coisa não existe por si mesma; sua existência se deve a outros fatores – causas e condições.

Há uma similaridade entre essa descoberta científica e a explicação budista – a não existência por si mesmo, ou a ausência de existência independente. O que existe, portanto, é a impermanência ou a mudança constante. Nos níveis atômico e subatômico, as coisas estão sempre se modificando.

O vazio é como uma semente?

SS: Não é bem assim. O vazio não é como uma semente, como um espaço para todos os planetas e todas as estrelas – não é isso. O vazio no sentido de *shunyata* é explicado com base em algo que existe, que tem uma ligação com a realidade. A natureza de qualquer fenômeno é o vazio; e qualquer fenômeno está impregnado pela própria natureza, o vazio, que é a ausência de sua verdadeira existência.

O vazio é uma qualidade, a qualidade definitiva das coisas. Por exemplo, os fenômenos que dependem de causas têm a qualidade da mudança constante. Mas como a mudança constante é possível – através do vazio, através de sua própria qualidade? Quando dizemos "qualidade", tem de haver alguma base para a qualidade. Sem essa base, não existe qualidade.

Então parece lógico argumentar que nossas percepções sensoriais são fundamentalmente ilusórias e que não devemos levar a sério nenhuma informação que elas nos oferecem. Se realmente começarmos a nos comportar dessa forma, nossa vida se tornará bastante difícil.

SS: O que nos preocupa aqui é uma coisa um tanto diferente. Quando consideramos que a consciência sensorial é equivocada, não a estamos menosprezando. O verdadeiro propósito de nossos esforços para entender o vazio é produzir mais felicidade, mediante dados sensórios, ao invés de mais sofrimento. A questão é saber se as consciências sensórias estão ou não enganadas. Precisamos entender que uma consciência pode, ao mesmo tempo, ser válida e errônea. Esta distinção é proporcionada pelas diferenças nos objetos.

Falamos sobre o objeto aparente, o objeto de percepção e o objeto de referência. Falamos sobre a consciência sensorial válida – por exemplo, minha consciência ocular, que enxerga uma flor. No que diz respeito à abordagem do objeto percebido – a flor –, essa consciência não está equivocada; é válida. Ao mesmo tempo, a consciência ocular vê a aparência da flor como realmente existente. Sob este ponto de vista, ela está equivocada.

Vossa Santidade poderia esclarecer o que é "realmente existente"?

SS: Precisamos pensar profundamente nessas coisas, pois não são do tipo que possa ser explicado pela pessoa que detém o conhecimento e a outra pessoa logo compreenda seu significado. Não é como apontar para um carro e dizer: "Lá está um carro... Ah, é mesmo! Aquilo é um carro. Agora estou percebendo que é um carro." O conhecimento e a experiência de um indivíduo andam juntos, e o tempo também está envolvido. Não se pode vivenciar essas coisas no espaço de alguns dias ou semanas; isto exige anos de concentração – pensar e repensar o assunto. Então, tudo fica cada vez mais claro.

Quando tentamos interpretar o significado de "realmente existente" em correlação com o vazio, isto não envolve os conceitos de verdadeiro ou falso. Como a existência dos fenômenos não é contraditada por nenhum conhecimento válido, eles existem realmente. Mas, como não existem do modo como aparecem às nossas consciências equivocadas – pois quando procuramos sua verdadeira essência não a encontramos –, eles não existem de forma inerente.

Como expliquei antes, o significado de "realmente existente" é "inerentemente existente", algo que seja independente.

O método empregado para se investigar a realidade pode influenciar nossa percepção dela mesma. O que percebemos está condicionado pelo que olhamos: se utilizarmos um método lógico, encontraremos A; se tivermos uma percepção direta, encontraremos B. Isto está correto ou não?

SS: Sim, isso é possível através de um processo lógico. Mas quando estamos preocupados em definir o vazio tentamos nos aproximar da realidade, dos fatos. Fazemos a distinção entre o que é apenas uma projeção, a visão estabelecida, algumas visões parciais... e assim por diante. A conclusão que estamos procurando é a percepção do fato – a natureza como ela é. Não estamos defendendo um ponto de vista.

O pensamento filosófico da corrente *cittamatra* ["apenas a mente"], que distingue entre os objetos externos e a mente subjetiva, é apenas uma visão estabelecida. Não corresponde à verdadeira realidade.

Nagarjuna, em sua *madhyamika mulakarika*, afirmou claramente que "o observador e a coisa observada devem ser diferentes". Portanto, a individualidade, ou o "eu", é mera designação. Sem nenhuma investigação, nós nos contentamos em dizer: "Já vou", "Estou com fome", "Estou cansado". As pessoas dizem essas coisas sem qualquer investigação, pois se as investigassem não as encontrariam. O que é um sinal da ausência do absoluto.

Como eu disse, o significado de *shunya* não é "nada", mas a ausência de uma essência absoluta. Sim, ela existe, porém coletivamente, em conjunto com outros fatores. Sem esses fatores, não conseguiremos encontrá-la. Não é possível identificá-la com precisão. Nada – nem mesmo o próprio Buda – pode ser identificado com precisão. Não podemos definir o que é Buda além de seu corpo físico e sua mente. Assim, em última instância, a ausência de individualidade significa a falta de essência absoluta. Existe apenas uma individualidade designada, que passa de uma vida passada para uma vida futura. Esta designação é baseada na combinação entre corpo e mente.

Mas existem níveis mais sutis do que corpo e mente. Portanto, nesta vida, o ser humano é designado com base em seu corpo e sua mente. Tão logo o corpo se dissolve, no entanto, a individualidade deixa de existir em termos físicos – mas uma individualidade sutil ainda existe. Buda declarou inúmeras vezes que tudo é apenas uma designação.

Porém, quando dizemos que todos os fenômenos são designações, isto não significa que tudo o que é designado adquire existência. As coisas não acontecem dessa forma. Mesmo que você diga que o corpo e a mente de um animal são um ser humano, isto não se torna verdade, pois é algo contraditório. Assim, as designações não devem contradizer as normas e convenções aceitas.

Talvez fosse útil investigar mais a fundo o significado da existência dependente e independente.

SS: Antes de tudo, temos de fazer uma distinção entre existência convencional e existência inerente. Deixe-me primeiro explicar o que é a origem dependente; isto nos dará a resposta.

A origem dependente significa interdependência. Para entendê-la é preciso compreender que a dependência e a independência são fenômenos diretamente opostos, o que exclui o meio-termo. Não há nada que não seja uma dessas duas coisas.

Uma flor e uma não flor, por exemplo, são antíteses diretas. Qualquer fenômeno é flor ou não flor; não existe uma terceira via de existência. Por outro lado, consideremos uma flor e uma mesa. Embora sejam mutuamente exclusivas, há coisas que não são nenhuma das duas; são intermediárias. Da mesma forma, a independência e a dependência são situações diretamente opostas.

Esses fenômenos, que são o produto de causas, dependem de causas e condições para existir. Do mesmo modo, se existe um todo, é óbvio que este depende de suas partes. Enquanto o fenômeno mantiver sua forma, possuirá sempre suas partes direcionais. Coisas que não têm a qualidade da forma – a consciência, por exemplo – possuem diferentes estágios, como "mais cedo", "mais tarde" e assim por diante.

Um fenômeno sem partes pode existir? Fisicamente, podemos chegar ao nível subatômico, onde praticamente não há qualquer possibilidade de divisão das partículas. Entretanto, existem partes direcionais; não há nada que não contenha partes. Você diria que há?

Se as partículas subatômicas não possuíssem partes direcionais, como seria possível que o conjunto dessas partículas pudesse formar um todo? Caso não existissem partes direcionais, o que está voltado para o leste também deveria estar voltado para o oeste. Neste caso, não haveria a possibilidade de formar compostos a partir dessas fontes, não é?

Os textos da corrente *madhyamika* negam totalmente a teoria de fenômenos sem partes. A existência de cada fenômeno depende de suas partes. Existem dois tipos de dependência: de causas e condições, e de partes.

Outro tipo de dependência decorre do fato de que nada é "encontrável" quando se busca sua essência de forma analítica. Se nos contentarmos com a simples aparência convencional, está tudo bem. Mas se não estivermos satisfeitos com a aparência convencional e procurarmos pela essência, por alguma forma de justificativa para o objeto, não encontraremos nada. Quando finalmente chegamos ao ponto onde percebemos que não poderemos encontrar a essência mediante uma análise, pensamos se isto não seria uma indicação de que as coisas realmente não existem.

Quando dizemos que as coisas realmente não existem, nossas próprias experiências contradizem este fato. Nossas experiências demonstram que alguém pode encontrar a essência e o "inencontrável". Esta percepção, válida por parte da pessoa que estudava a essência e a "inencontrabilidade" do objeto, contradiz a afirmativa de que as coisas realmente não existem. Portanto, deve haver alguma coisa ali; as coisas estão ali.

Mas, quando as investigamos, não as encontramos. A conclusão a ser extraída é que as coisas existem, mas com base na imputação. Dependem de uma designação nominal. Não importa como olhamos as coisas, elas sempre revelam características de dependência. A dependência de *fatores causais*, de *partes* ou da *consciência que atribui a designação* forma os três tipos de dependência.

É preciso analisar a verdadeira natureza das coisas. Como as coisas aparecem para nós? Depois, devemos verificar se o modo como as coisas aparecem e o modo como realmente existem são correspondentes. Combinam ou não? Descobrimos então que existe uma lacuna entre a aparência das coisas e sua verdadeira existência.

Existe algum processo analítico que possa me ajudar a perceber verdadeiramente o shunyata*?*

SS: Existem muitas coisas sobre as quais não podemos tirar conclusões quando as analisamos. Temos de deixá-las como estão, ou aceitá-las por seu valor aparente. Se entrarmos em muitos detalhes, as coisas se tornam absurdas.

Tomemos o *shunyata* como exemplo. Existe o *shunyata* e existe sua função. Portanto, deve haver alguma base que permita esta função. Se investigarmos o que é o *shunyata*, poderemos dizer, de modo vago, que este é a ausência de existência independente. Quando analisamos minuciosamente este *shunyata*, aquele *shunyata* ou até mesmo o *shunyata* como realidade definitiva – quando procuramos a essência do *shunyata* –, não o encontramos. Descobriremos então que o *shunyata* depende muito dos modos como é qualificado, dos objetos que o qualificam.

Tive uma discussão muito interessante com cientistas sobre neurobiologia e psicologia. Creio que, comparada à psicologia oriental, a psicologia ocidental é muito jovem. Os processos investigativos são diferentes dos nossos.

Segundo a minha experiência, alguns cientistas afirmam que são materialistas convictos e nem mesmo aceitam a existência da mente. Mas, à medida que as discussões prosseguem, outros cientistas demonstram um interesse cada vez maior nas explicações budistas para a mente, a matéria, os átomos, os fenômenos etc. Suas pesquisas e descobertas são benéficas, e a interpretação budista lhes dá uma perspectiva diferente de investigação. Essa é a minha experiência.

Mas, em que pese meu genuíno desejo de aceitar e compreender a vacuidade essencial das coisas, minha mente está às voltas com seus conceitos de "realidade".

SS: Quando somos afetados por um estado negativo da mente, isto decorre de nossos conceitos sobre o que é bom e o que é mau. Descobrimos então que nossos conceitos de bom e mau estão poluídos por ideias superimpostas a respeito do que é verdadeiramente bom ou verdadeiramente mau. Os budistas dizem que esses estados negativos da mente têm sua origem na ignorância, que se agarra à ideia de que os fenômenos têm uma existência real.

Deixe-me dar um exemplo. Olhemos para os dois tipos básicos da mente. Um deles decorre de aceitarmos como real a aparência da existência. O segundo depende da confirmação da aparência projetada, como a cólera ou um forte apego. No momento em que sentimos apego ou cólera, há uma espécie de confirmação da aparência. Então aceitamos que a situação é cem por cento positiva – e nos sentimos apegados a ela – ou cem por cento negativa – e nos sentimos encolerizados.

Mas, na prática, ao vermos um inimigo como cem por cento inimigo, ele deveria ser inimigo de todo mundo. Mas meu inimigo pode ser o melhor amigo de outras pessoas. Portanto, quando vemos nosso inimigo como cem por cento negativo, existe alguma verdade sob nosso ponto de vista – independentemente do ponto de vista do indivíduo focalizado ou da mente projetada.

Mas nenhum inimigo pode ser cem por cento negativo. Assim, há um exagero – resultante de meus sentimentos de profunda aversão. Todos os sentimentos negativos precisam desse tipo de confirmação. Os pensamentos positivos não precisam necessariamente se basear nela. Para minimizar o pensamento negativo, a percepção do *shunyata* é importante.

Existe então um conflito visível quando consideramos tudo o que conhecemos e amamos como ilusões inerentemente vazias?

SS: É muito importante entender a diferença entre o modo como a mente não conceitual – como uma percepção sensória – aborda um objeto e como a consciência mental – extremamente conceitual – aborda o mesmo objeto. É preciso considerar a diferença entre ambas.

O processo de raciocínio utilizado para estabelecer a vacuidade não deve prejudicar a validade das experiências sensórias – no sentido de que não deve impedi-las, suprimi-las. Quando falamos sobre ilusões, elas existem apenas em nível mental. A consciência sensória jamais é uma ilusão; pode estar equivocada, mas não se trata de uma emoção perturbada.

Existem dois tipos de percepção do objeto, que o qualificam como inerentemente existente ou não.

Quando um objeto é percebido sem nenhuma qualificação, é apenas um objeto.

Há três modos de apreender mentalmente um objeto. Quando a mente conceitual focaliza um objeto, ela exclui alguma coisa.

Portanto, a constatação da vacuidade é diferente da apreensão mental que percebe o objeto qualificado como inerentemente existente; mas ela não interfere no tipo de consciência que apreende o objeto sem nenhuma qualificação (que pode ser a percepção sensória deste).

Existe uma confusão a respeito do termo *verdadeiro*, e esta confusão ocorre até mesmo na língua tibetana. Se não houver muita familiaridade com a lógica ou a meditação, é difícil entender o conceito. O mesmo ocorre, por exemplo, com o termo sânscrito *swabhava* – natureza –, que pode significar coisas diferentes, dependendo de ocasiões e contextos no nível convencional e no nível mais profundo.

Portanto, quando dizemos "existência verdadeira", o significado de verdadeira é muito confuso, a menos que tenhamos algum tipo de experiência. Eu mesmo acho difícil explicar este significado.

Então a mente deve investigar o shunyata, *e a mente deve também ter uma vivência do* shunyata. *Existe uma contradição entre a mente subjetiva e a mente objetiva? E que mente estará vivenciando a vacuidade, quando ela mesma não existe?*

SS: Quando falamos sobre a vacuidade da verdadeira existência, não fazemos distinção entre objeto e sujeito, pois nenhum deles possui existência verdadeira. Mesmo que procuremos, não iremos encontrar o objeto ou o sujeito da própria mente. A mente pode ser tomada como objeto de uma observação consciente. Mas se procurarmos sua essência não a encontraremos. O principal motivo para a negação da existência verdadeira é que ela é inencontrável quando procuramos sua essência. Este é o motivo principal.

Os cientistas são geralmente céticos a respeito de coisas que não podem ver com clareza. Entretanto, acredito que a própria ciência tenha suas limitações, pois se restringe à esfera do que é possível medir, do que é mensurável. A vida, a consciência e a mente são coisas que ainda não foram exploradas em sua totalidade. E são ligadas ao cérebro. Os cientistas investigam hoje as relações entre a mente e o cérebro, e acabarão obtendo mais conhecimentos acerca da natureza da mente e das funções mentais. Há uma interdependência – o que chamamos de *shunya*, ou vacuidade.

Mas o que faremos com nossos sentimentos?

SS: Nós estamos falando em nível relativo. Aceitamos os sentimentos e o reconhecimento – esta é uma flor, este é um homem, este é um indiano, este é um tibetano – sem nenhuma investigação. Não há problema, estamos no patamar convencional. Existem questões mais profundas: Quem sou eu? O que é o ser? O que é a individualidade? Sob este ponto de vista, não conseguimos respondê-las.

E a consciência dentro da vacuidade é...?

SS: Sim, a consciência de novo, mas o que é a consciência? Nós sentimos a consciência. Temos uma sensação de conhecimento que chamamos de consciência – *hoje minha mente está embotada / hoje minha mente está clara.* Não há investigação, não há penetração.

Tomemos este assunto, a consciência, como exemplo. O que é a consciência? Não podemos encontrá-la. Um dedo? É muito fácil encontrá-lo. Está aqui. Ninguém discute. Vejo realmente a cor do meu dedo, seu formato e assim por diante. Mas o que é "dedo"? Seria a cor ou as substâncias que o compõem – pele, sangue e ossos? Se analisarmos as partículas, as partes e as diferentes substâncias do dedo não conseguiremos encontrá-lo.

Se analisarmos mais a fundo, descobriremos que existem dois níveis: um deles é o nível relativo, ou convencional; o outro é o nível profundo, ou definitivo – temos aqui alguém que não consegue encontrar o dedo. Esta pessoa existe convencionalmente.

Nós não fazemos tais distinções porque, no nível convencional, ambas as coisas existem. Mas no nível definitivo nenhuma delas existe.

Uma das correntes budistas afirma que a coisa para a qual se olha não existe, mas a pessoa que descobre que não há nada, esta existe realmente.

Vossa Santidade, é possível compreender a origem dependente sem a purificação das ilusões?

SS: Alguém pode perceber a origem dependente quando ainda tem ilusões com a mente comum. Investigue o *shunyata* com base nessa teoria relativa, e você o entenderá. Pense nele intelectualmente e medite sobre ele. Você poderá senti-lo.

Mas temos de distinguir entre a consciência que percebe a natureza da origem dependente, ou compreensão inferencial, e a experiência direta.

Os seres comuns podem ter uma compreensão inferencial da vacuidade. Para obter uma experiência direta, é preciso reduzir a força das ilusões que os seres normalmente possuem. Perceber a vacuidade diretamente aumenta a purificação. Você acabará descobrindo que a percepção da vacuidade não é tão difícil.

Existem práticas no shunyata *que podem ser úteis nesse sentido?*

SS: Sim. Posso dizer que algumas pessoas compreenderam a vacuidade. Pela minha própria experiência, sei que não é o meu caso. Há cerca de quinze ou vinte anos, comecei a pensar no *shunyata* com muita concentração. Sei que uma compreensão profunda é uma coisa possível. Mas, veja bem, no caso do Dalai Lama, o problema é tempo.

Por quê?

SS: Não posso passar o tempo todo pensando, meditando. Tenho de direcionar minha mente para muitas atividades diferentes. Este é o problema.

CAPÍTULO 12

FENÔMENOS

Vossa Santidade, na entrada do seu mosteiro, em Dharamsala, há uma inscrição que diz: "Toda a existência é como um reflexo claro, puro e sem turbulência; ela não pode ser compreendida e não pode ser expressada. Sem natureza própria, sem uma localização, ela pode ser perfeitamente estabelecida através de suas causas e ações." Poderia, por favor, explicar esta inscrição?

SS: Significa que, sob o ponto de vista das consciências comuns, como as nossas, todos os fenômenos são como reflexos. Embora apareçam de uma forma, eles existem sob outra. Parecem ter uma existência real, mas não existem verdadeiramente. Existe, portanto, uma contradição. É como o reflexo de um rosto, que aparece no espelho como se fosse o próprio rosto, mas não é o rosto.

A segunda linha diz que a existência é pura e sem turbulência. Há duas interpretações: uma segundo o sutra, e outra segundo o tantra. A frase tem de ser explicada conforme o contexto da citação. Vou explicá-la como a compreendo, como me lembro.

Esses três fatores – a clareza, a pureza e a ausência de turbulência – se referem aos três objetos do abandono: o obscurecimento das ilusões, o obscurecimento do conhecimento e o obscurecimento da absorção – o estado meditativo. A declaração também faz referência à natureza pura dos fenômenos, à vacuidade, que não tem máculas, impurezas. Explicando essas linhas em conjunção com os três tipos de abandono, posso dizer que a compreensão da existência não inerente em toda a sua extensão proporciona a liberdade dos três tipos de obscurecimento.

A terceira linha, "ela não pode ser compreendida e não pode ser expressada", significa que tal experiência não pode ser compreendida por pessoas como nós através do pensamento conceitual, nem pode ser expressada mediante palavras convencionais.

A última linha, "sem natureza própria, sem uma localização, ela pode ser perfeitamente estabelecida através de suas causas e ações", refere-se, creio eu, às três portas da liberação. Explica a vacuidade dos fenômenos em si, suas causas e seus efeitos.

Segundo os princípios do shunyata, *a verdade começa pela aceitação da natureza não existente de todos os fenômenos. Mas este nosso mundo "tangível" teria* algum *tipo de base? Qual seria a forma, base e designação que atribuímos a tudo o que chamamos de nosso mundo e que o senhor chama de* fenômenos*?*

SS: A forma é o fenômeno designado. Trata-se de uma forma, mas sua base designada não é uma forma. Para darmos um exemplo da base da individualidade, digamos que uma pessoa tenha todos os cinco agregados, tais como forma, sentimento e assim por diante. Esta individualidade é um fenômeno designado, rotulado com base na reunião de todos os cinco agregados. Entretanto, no interior desses cinco agregados, não conseguiremos encontrar nada que caracterize a pessoa ou o ser. Também não conseguiremos encontrar o indivíduo separado do todo e das partes que constituem os agregados. Mas não se pode dizer que a pessoa não existe. Então, onde ela está?

Há certa relação entre a base da designação e o fenômeno designado. Entretanto, não se trata de uma relação de causa e efeito nem de generalidade e casos; é uma simples relação de interdependência.

Essa é uma das raízes do pensamento da corrente *madhyamika* e seu ponto mais importante e difícil. Quando falamos em base designada, sua identificação é uma tarefa muito difícil. Creio que, como muitas coisas não existem verdadeiramente, a única opção que resta para seu modo de existência são as próprias convenções. Embora façamos diferença entre o objeto, os fenômenos e o sujeito, a mente – a mente enquanto sujeito – é também um fenômeno. Sob o ponto de vista de uma consciência particular, existem o objeto-fenômeno e a mente-sujeito. Mas a consciência, em si, também é um fenômeno, pois existe outra mente subjetiva que a assimila como objeto, que a percebe.

O significado da existência não inerente é alguma coisa assim. Atribuímos o rótulo na dependência de uma base, que não é o próprio fenômeno.

Vossa Santidade, a madhyamika prasangika *afirma que os fenômenos existem apenas por implicação. A ser verdade, isto refuta a existência externa do objeto. Não seria uma falha do eternalismo?*

SS: Quando a *madhyamika prasangika* declara que os fenômenos existem como simples imputações, este "simples" não refuta os objetos externos, os fenômenos que não são nomes; nem refuta que os fenômenos não são percebidos por uma cognição válida. Embora exista um fenômeno que não é um nome em si mesmo, ele existe apenas através do poder da convenção. Quando a *madhyamika prasangika* chegou à conclusão de que a essência dos fenômenos não pode ser encontrada ao ser pesquisada de forma analítica, isto não foi uma indicação de sua inexistência, mas uma indicação de sua existência não inerente.

Não é como não encontrar nada; é alguma coisa, como explica o verso de abertura da *Mulamadhyamakakarika* – A Sabedoria Fundamental do Caminho do Meio – de Nagarjuna: o exame da existência inerente deve ser feito em um fenômeno que tenha as qualidades da ida e da vinda, da produção e da cessação, e assim por diante – no nível convencional. Com base em tal fenômeno, temos de refutar a existência inerente. Pode-se até dizer que esta mesa é não inerente, pois ela existe; e como existe deve existir na dependência de outros fatores. O próprio fato de existir prova sua existência não inerente.

Por outro lado, quando os integrantes da escola *apenas a mente* procuram de maneira analítica a existência de objetos externos, e dissecam ou analisam as partes de um objeto, seus integrantes não encontram o todo. Como não podem afirmar que a simples imputação exista apenas pelo poder da imputação, dizem que não existe nenhum objeto externo além da consciência. Dizem que os objetos externos não existem como entidades separadas da consciência.

Eu mesmo não sei. As coisas não estão muito claras desde o início. Quando eles procuram analiticamente um objeto externo mediante sua dissecação em partes e não o encontram, a questão é se existem coisas como formas e assim por diante. A resposta deles é que existe um objeto, mas não se trata de uma substância diferente da consciência. É feito da mesma substância da consciência. Portanto, não existem objetos externos. A consciência interna existe de fato e é independente.

Samkhya, *uma escola não budista de filosofia, afirma que os fenômenos são naturalmente permanentes, mas temporariamente impermanentes. Seus praticantes têm um ponto de vista diferente. Isto requer um esclarecimento.*

SS: Se tivéssemos de nos destacar de coisas apenas por serem impermanentes, teríamos de nos destacar do caminho que buscamos simplesmente por ser impermanente. A questão é se vale a pena desejar isto ou não, se vale a pena alcançar isto ou não. Caso a resposta seja afirmativa, existe o desejo. Acho que devemos fazer essa distinção.

No âmbito dos desejos, existem o desejo adequado e o desejo inadequado. O desejo adequado é quando descobrimos, mediante investigação e raciocínio, que sua realização vale a pena. Neste caso, o desejo, ou apego, pode ser correto. Por exemplo: o desejo de atingir a iluminação budista, ou o desejo de trabalhar por todos os seres sencientes. Devemos desenvolver tais desejos em nossas mentes de forma deliberada. Devemos dedicar um esforço especial para desenvolver o sentimento de que todos os seres sencientes são "meus".

No caso do desejo inadequado, você quer alguma coisa, porém, quando pensa mais profundamente no assunto, descobre que na verdade não precisa daquilo. Quando você vai a um supermercado, por exemplo, vê um monte de coisas boas e deseja ter tudo aquilo. Conta o dinheiro e então lhe ocorre um segundo pensamento: você realmente precisa daquilo tudo? E você responde: *Ah! Isso não é necessário!*

Essa é minha própria experiência. Tal desejo é, na verdade, apego ou cobiça. Para viver confortavelmente, para sobreviver, aquelas coisas não são realmente necessárias.

Para um leigo, a vida em família é normal. Mas, quando se trata de cultivar um caminho para alcançar a libertação, a coisa mais importante é não cair sob o domínio das ilusões. Isso é muito difícil. Agora, se um bom praticante se torna monge ou monja, as pessoas às vezes podem pensar que tal pessoa é excepcional, mas não tem muita influência – não é muito útil para a sociedade como um todo.

Portanto, seja um bom praticante, mas continue a ser um bom membro da sociedade, uma pessoa produtiva. Fique com sua família; ganhe a vida; seja um indivíduo bom, honrado, cheio de paz interior; crie uma atmosfera pacífica no seio de sua família, o que contribuirá para criar uma atmosfera pacífica no âmbito da comunidade. Uma pessoa assim, dotada de *bodhicitta*, altruísmo, pode ser mais útil à sociedade na condição de leigo, com uma vida familiar.

Entretanto, se alguém quiser seguir o caminho em próprio benefício, uma vida de celibato é então recomendada. Mas mesmo neste caso uma vida familiar pode ser recomendada. Nos sutras, encontramos muitos *bodisatvas* com famílias. Mas raramente encontramos *arhats* que tenham uma vida em família.

Vossa Santidade está dizendo então que os fenômenos, tal como os entendemos, são as designações, mesmo que ocorram na dependência de uma causa – que não é uma causa, mas simplesmente uma construção mental?

SS: Embora os fenômenos sejam classificados pelo pensamento conceitual, as coisas não podem existir apenas pelos rótulos. Nem tudo o que é atribuído pela consciência pode adquirir existência real. As coisas não podem ser manipuladas segundo os desígnios da consciência. Se a consciência ou o pensamento conceitual pudessem fazer o que desejassem, não haveria diferença entre a cognição válida e inválida, ou certo e errado. Jamais apareceriam diferenças. Como os fenômenos existem, mas sua verdadeira existência foi refutada logicamente, a única opção que resta – gostemos ou não – é que eles existem nominalmente, através das designações. Isto significa que qualquer coisa que designemos pode adquirir existência.

Os fenômenos não são a base, e minha pergunta se refere a isto. Existe alguma distinção entre a base e os fenômenos?

SS: Isto exige uma explicação dos três fatores: a base da designação, o pensamento conceitual que proporciona o rótulo e o fenômeno designado em si. Quando a consciência procura o fenômeno designado no âmbito, ou a partir da base, não encontra nenhum exemplo que possa ser considerado fenômeno. A base da designação não é o fenômeno designado. Mas também não podemos rotular uma coisa que *não* o seja; caso contrário, poderíamos chamar um elefante de cavalo, e assim por diante. A designação não é atribuída a um fenômeno que não o seja.

Como não podemos atribuir um rótulo a uma coisa que não seja o próprio fenômeno, mas não conseguimos encontrar um fenômeno dentro da base designada que possa ser *considerado* o fenômeno, a opção é oferecer uma designação dependente da base. Se não houver fenômeno, a convenção é contestada. Existe alguma coisa em nível convencional, e o que obtemos no final é a simples designação.

Mas ao compreender a natureza da realidade sinto, como Vossa Santidade reitera, que tudo é uma coisa só. Entretanto, quando falamos de fenômenos e percepção, falamos como se houvesse duas, três, quatro ou cinco coisas diferentes.

SS: As Duas Verdades são a explicação de um mesmo objeto visto de dois ângulos diferentes. Como as Duas Verdades são explicadas na base de um objeto, são de fato uma entidade, mas também são consideradas mutuamente excludentes.

Tomemos como exemplo uma pessoa muito culta, muito capaz, mas também muito ardilosa. Queremos empregar esta pessoa por sua capacidade, mas sabemos que ela não é confiável. Sob este ponto de vista, temos de tomar algumas precauções, temos de ser cuidadosos. Embora estejamos lidando com a mesma pessoa, há uma contradição, pois existem dois aspectos: um deles muito negativo, o outro muito positivo.

Se considerarmos esta flor... ela tem um nível relativo de existência, em que todas as convenções operam, tais como cor, aroma e assim por diante. E finalmente existe sua realidade mais profunda e definitiva. É como olhar para um objeto a partir de dois ângulos. Como os fenômenos são dependentes, não possuem uma existência inerente, também chamada de verdadeira existência. E, como se originam de modo dependente, estão profundamente interligados; até mesmo a compreensão dos dois pontos de vista está interligada.

Alguns textos dizem que, na vida normal, os seres sencientes levam existências diferentes, são seres diferentes. No final, quando se tornam iluminados, todos eles se tornam um só, absorvidos por um oceano de sabedoria. A água de rios diferentes tem cor, gosto e velocidade diferentes... mas quando deságua no oceano infinito perde sua identidade e adquire um só paladar, uma só cor e assim por diante.

Isto não significa que quando um indivíduo atinge o estado de iluminação budista perde sua identidade; não é assim. Ele atinge o mesmo patamar que os demais e é completamente idêntico aos outros, mas sua individualidade, seu "eu", ainda está lá.

Nós nos demos ao trabalho de fazer diversas distinções entre o preto e o branco, fazendo objeções a isto e aquilo. Olhamos o mundo como sendo mais complicado e permitindo mais contradições e paradoxos do que parece, um mundo que atesta o fim das experiências relativas e definitivas. Não parece uma coisa muito exclusiva.

Mas mesmo no âmbito dos fenômenos existem fenômenos negativos e positivos? Qual é a diferença?

SS: Quando os budistas falam sobre o vazio, o vazio é um fenômeno negativo e seus versos são fenômenos positivos. Isto não significa que a vacuidade não existe, e sim que é a simples ausência de existência inerente. Ocorre o mesmo quando falamos de espaço. Mas o conceito budista de espaço é a mera ausência de uma obstrução, de uma forma. Não quer dizer que não exista espaço, mas apenas que não podemos abordá-lo.

Entender isto é muito difícil. Isto só pode ser compreendido inteiramente por alguém com a experiência do *shunyata*, que tenha negado a natureza equivocada dos fenômenos, que tenha negado a existência inerente. O modo como os fenômenos existem – pela simples designação – só pode ser compreendido através da experiência do vazio. Para nós, pessoas comuns, a aparência dos fenômenos em si e a aparência de sua existência verdadeira estão muito misturadas. Não podemos na verdade distinguir entre as duas coisas: a aparência real do objeto e a existência verdadeira do objeto.

É possível também refletir sobre o que os *iogacarins* (adeptos da corrente *iogacara*) querem dizer quando afirmam que todos os fenômenos são apenas projeções da mente; e o que os membros da corrente *madhyamika* querem dizer quando afirmam que todos os fenômenos são designações da mente. Vale a pena observar a diferença entre as escolas.

Vossa Santidade, a lógica é o valor definitivo?

SS: A lógica deveria ser algo que possa ser relacionado à experiência direta. No entanto, existem diferentes tipos de fenômenos. Nosso nível de experiência pode abordar alguns tipos de fenômenos. Há outros tipos de fenômenos que não somos capazes de perceber ou estudar, a menos que nosso estado de espírito se eleve. E até mesmo esse estado de espírito elevado se atém às leis da lógica.

No budismo maaiana, uma das mais claras implicações é a de que existem dois tipos de lógica: a definitiva e a interpretativa. Alguns dos ensinamentos de Buda podem ser considerados por seu valor aparente. Como determinar o que pode ser tomado literalmente e o que não pode? Isto só pode ser determinado através do raciocínio lógico, pois os significados definitivos e os significados interpretativos das palavras são explicados de modo diferente nos próprios textos.

Se tivermos de determinar se algum texto budista é definitivo ou interpretativo, teremos de consultar outro texto, e isso pode continuar indefinidamente. Se Buda estivesse vivo hoje, poderíamos pedir a ele que nos dissesse quais são os pontos definitivos. Para evitar discussões intermináveis, acabamos tomando as decisões com base no raciocínio lógico.

Costuma-se dizer que, quando um estudioso, ou mesmo um indivíduo, adota uma posição contrária ao raciocínio lógico, sua posição não é válida. Por motivos óbvios, fazemos uma distinção entre a intenção do texto e a intenção de quem fala sobre ele. Como temos de inferir a verdadeira intenção de Buda através do raciocínio lógico, a posição que não pode ser contestada pelo raciocínio é o pensamento definitivo de Buda.

O desejo de permanência, o ego e o egoísmo são as principais ilusões que os ensinamentos a respeito dos fenômenos e o shunyata *têm como alvo?*

SS: A pergunta que se levanta é se a mente pode ser libertada dessas ilusões. Um dos motivos é que todos os estados negativos da mente têm origem na atitude de autoagarramento, o apego à existência verdadeira. Trata-se de uma consciência equivocada e demonstravelmente distorcida. Refutando o apego à existência verdadeira, é possível cortar as raízes de todas essas ilusões. Outro motivo, como já discutimos, é a natureza de Buda, o potencial que existe dentro de nós mesmos para alcançarmos a iluminação budista.

Por meio desses dois tipos de raciocínio, é possível provar a possibilidade de que a mente possa ser libertada das ilusões.

Em primeiro lugar, é preciso entender que a sabedoria que percebe o vazio, a sabedoria que percebe o desprendimento e a consciência que se apega à verdadeira existência são antídotos entre si. Também existe a diferença entre o que tem sustentação válida e o que não a tem.

A sabedoria que percebe o desprendimento é uma qualidade da mente, não do corpo. Tem continuidade. Qualquer qualidade que seja baseada no corpo é uma coisa temporária. Uma qualidade que seja baseada na mente, ou consciência, é mais sólida, pois a continuidade da mente estará sempre presente. Tem uma base firme. Quando é vivenciada em sua plenitude, não requer confirmação para crescer; possui a qualidade do crescimento infinito. Por outro lado, uma atitude que se apega à verdadeira existência é uma consciência que dispõe de um poderoso antídoto. Quando nos familiarizamos com esse antídoto, ela pode ser enfraquecida e finalmente purgada.

Nesse caso, de que maneira a teoria que compreende os fenômenos como fundamentalmente inexistentes contribui para nossa evolução espiritual?

SS: A má conduta do corpo e da fala são manifestações das ilusões. Mais tarde, no segundo estágio, devemos trabalhar para bloquear essas ilusões. No terceiro estágio, é preciso trabalhar pela eliminação das marcas deixadas pelas ilusões. Através desses três estágios, alcançamos os seguintes resultados:

- **Primeiro**: ao refrearmos o mau comportamento do corpo e da fala, renascemos como seres humanos em um estágio superior.

• O abandono de todas as ilusões, resultado do **segundo** estágio, é a conquista do nirvana, ou liberação.

• **Terceiro:** o estágio em que nos livramos até mesmo das marcas deixadas pelas ilusões é chamado de estado onisciente.

Quando, com base no fenômeno puro – a natureza não inerente da mente –, alguém se livra completamente de todas as ilusões, alcança o estado de cessação.

Pensando de acordo com esses parâmetros, compreendemos que existe algo como a cessação de modo geral, e que é possível materializá-la em nossas mentes. Após descobrirmos que é possível nos liberarmos do sofrimento, pois naturalmente não desejamos sofrer, teremos de trabalhar para alcançar esse estado. Por esse motivo, o caminho é explicado.

O budismo diz que, a menos que alguém tenha atingido a sabedoria do desprendimento, esta pessoa não pode vivenciar o *moksha*.

CAPÍTULO 13

O PODER DA MEDITAÇÃO E DA VISUALIZAÇÃO

Vossa Santidade, o que é meditação?

SS: A meditação, sob o ponto de vista do budismo, é como um instrumento para direcionar nossas mentes e aumentar nossa capacidade mental. Significa *samadhi*, ou seja, o direcionamento de nossa energia mental. A meditação é um instrumento para aumentar nossa energia e acuidade mental.

A meditação pode ser secular ou tem de seguir alguma tradição religiosa?

SS: Não, não! É apenas um treinamento da mente.

Existe alguma relação entre meditação e religião?

SS: A meditação é o instrumento para moldarmos ou transformarmos a mente. Quer você seja um empresário, um cientista, um médico ou um professor, sua mente ficará mais tranquila e mais penetrante através da meditação. É uma coisa muito boa. A mente é uma usina. Portanto, a meditação não é um assunto religioso.

Na verdade, todas as grandes religiões do mundo trazem a mesma mensagem de compaixão, amor, perdão e espírito de harmonia. Mas isto não significa que se você aceitar esses valores terá de aceitar determinada religião como um todo. Temos de fazer uma distinção entre o que é assunto puramente religioso, como a fé, e as boas qualidades básicas. Existem ambas as coisas.

Para mim, todas as religiões apenas reforçam as qualidades básicas, nada mais. Na condição de seres humanos, e almejamos ser felizes e viver em sociedades felizes, não há sentido em negligenciar as qualidades humanas básicas. Sem elas, evidentemente, o indivíduo, a família e a comunidade não serão felizes.

De que modo a meditação está vinculada à obtenção da felicidade?

SS: Sempre acreditei que o maior propósito de nossas vidas é a felicidade. Existem dois tipos de felicidade – um deles advém do conforto físico; o outro, do nível mental, obtido através do treinamento mental.

Obviamente o conforto mental é superior e mais influente, pois, se estivermos em um estado mental calmo e feliz, pequenos desconfortos físicos – até mesmo pequenas dores – podem ser dominados. Por outro lado, se nossa mente estiver intranquila, não ficaremos felizes, mesmo dispondo das melhores instalações. Isto é bastante claro. Portanto, o estado mental é mais importante do que o físico.

É claro que qualquer experiência envolve algum tipo de sentimento, sentimento da mente. A causa imediata pode ser física, mas o que se segue é puramente mental. Portanto, temos dois tipos de vivência. Como a vivência mental é muito importante, isto suscita outra questão – podemos treinar para desenvolver a mente? A humanidade é muito inteligente, na média, ao contrário de outras espécies. Somente os seres humanos inventaram técnicas para moldar suas mentes. Chamamos essas técnicas de meditação.

Existem diferentes tipos de meditação? Por que a meditação é importante em nossa vida cotidiana?

SS: De modo geral, existem duas espécies de meditação. Uma delas é analítica, utiliza principalmente a razão; a outra é quando a mente permanece imóvel, concentrada em um único ponto, sem qualquer mudança ou investigação – é a "meditação de ponto único". Em ambos os casos, o principal objetivo é fazer com que nossas mentes consigam desentranhar o ponto que desejamos alcançar.

A atitude mental tem tanta influência na vida cotidiana que, quando acordamos de manhã com a mente feliz ou repousada, o restante do dia costuma ser bom, mesmo quando enfrentamos um problema. Quando nosso humor não está bom até as pequenas coisas podem nos fazer explodir. Portanto, como você vê, a atitude mental é um fator importante em nossas vidas cotidianas.

Quanta importância devemos dar ao local em que é praticada a meditação?

SS: Para um iniciante, o local de meditação é muito importante. Depois que desenvolvemos alguma experiência, os fatores externos têm pouca influência. Para quem tem a oportunidade de permanecer em lugares remotos, não há problemas. Mas, gostemos ou não, temos de viver em nossas moradias: você em Déli, eu em Dharamsala. São nossos lugares fixos.

Idealmente, o lugar para a prática da meditação deve ser tranquilo. Quando meditamos em ponto único, precisamos de um lugar completamente isolado – sem barulhos. Isto é muito importante. Para algumas práticas de ioga, a altitude também é importante. Uma altitude mais elevada é melhor. Assim, montanhas altas são o melhor lugar.

Existe outro fator: locais onde viveram meditadores experientes foram abençoados e energizados por eles. Pessoas com menos experiência poderão mais tarde receber as vibrações e bênçãos que emanam desses lugares.

Vossa Santidade, o senhor fala de dois tipos de meditação. Ambos treinam a mente. Como podemos descobrir qual o mais indicado para nós?

SS: Como treinamos nossas mentes? Como já mencionei, existem dois métodos. Um deles é a meditação analítica; creio que esta é a mais eficiente, em função da inteligência humana e de sua capacidade para discriminar. (Meu inglês é pobre, e meu conhecimento dos significados das palavras é muito limitado. Às vezes posso utilizar termos errados.) Como resultado da inteligência que possuímos e de sua capacidade para discriminar, temos uma tendência a querer saber sempre mais. A atitude de não aceitarmos as coisas sem uma razão – uma atitude cética – é bastante saudável e apropriada sob o ponto de vista budista. Ou seja: não devemos aceitar nada facilmente; devemos esperar, fazer experiências e procurar motivos.

Quando enxergamos os motivos e, mediante experimentos, ganhamos experiência, aceitamos os resultados – esta é a atitude budista e a abordagem científica. O uso da razão é essencial para que os conceitos possam ser desafiados.

Através da meditação analítica, avaliamos uma situação utilizando a razão e fazendo experiências, de modo a desenvolver uma convicção genuína. Quando a convicção se desenvolve, nossa crença é firme. Mesmo que alguém nos questione, já teremos analisado a situação e feito experiências. Assim permaneceremos firmes em nossas convicções.

Na meditação de ponto único, nós nos concentramos em apenas um ponto, não necessariamente para desenvolver algum tipo de convicção. Se alguma evidência contraditória for colocada diante de nós, podemos mudar rapidamente de opinião. A meditação analítica, por conseguinte, é muito mais eficiente e importante.

Em ambos os casos, quando analisamos uma situação, devemos concentrar toda a nossa energia mental, para que a análise se torne mais potente e profunda. Por isso, também, precisamos da meditação de ponto único. É possível que, se tivermos alguma experiência com esse tipo de meditação, nossa meditação analítica adquira mais qualidade.

Por favor, explique a técnica do ponto único. Algumas pessoas fecham os olhos, outras não. Qual é o método certo?

SS: Geralmente, convém procurar um lugar pouco barulhento – sem o ruído de aviões, automóveis, caminhões, buzinas, vento ou cachoeiras. De qualquer forma, temos de utilizar o lugar onde residimos da forma mais eficiente possível. A melhor hora é de manhã cedo, quando os motoristas de caminhão estão dormindo! O barulho é relativamente menor e, mais importante, nossas mentes estão descansadas.

Treinamento mental significa moldar nossas mentes. Isso é realizado através da própria mente, e não por meio de fatores externos. A mente deve estar bem repousada e completamente alerta, sem nenhuma sensação de cansaço. Se você estiver neste estado mental, as coisas funcionarão de modo mais eficiente. Tarde da noite nossas mentes estão vagarosas e há uma sensação de cansaço.

Creio que um bom começo para um iniciante é simplesmente se recolher. A mente está sempre com o corpo, não é externa a ele. Mas nossas mentes, de modo geral, olham para fora, o que é uma pena. Temos de lhes dar uma nova diretriz.

Depois de examinar o exterior cuidadosamente, chegou a hora de examinar sua própria mente. Portanto, recolha-se ao seu interior. Manter os olhos fechados às vezes é mais produtivo. A longo prazo, entretanto, não faz diferença se seus olhos estão abertos ou fechados.

Visualize alguma coisa dentro de você e se concentre nela com a mente principal. Antes, recolha a mente, incluindo os sentidos da visão, audição e os outros. Ao começar, tome a resolução de que, durante os próximos momentos, você não deixará que seus órgãos sensoriais sejam distraídos por objetos externos – e mesmo que o sejam, sua mente não se deixará levar.

No interior de sua mente, você precisará controlar seus pensamentos. Terá de interromper deliberadamente os pensamentos sobre o passado e sobre o futuro. Se conseguir sustentar o desligamento por algum tempo, tente ir aumentando o intervalo de tempo. Você vivenciará então uma sensação de vazio, de vacuidade, algo como o espaço ou como um oceano profundo, cujas ondas vão e vêm na superfície, mas a água por baixo permanece pura e limpa. Esta é uma maneira de examinar a própria mente.

Embora não seja fácil, vale a pena meditar, ou pelo menos tentar fazê-lo.

O que significa meditar sobre a compaixão?

SS: A verdadeira compaixão não é um sentimento de afeto, como geralmente se acredita – *este é o meu amigo* ou *isto é bom para mim*. Sentimentos assim estão relacionados ao apego, em que muita coisa depende do objeto. Mudam quando a pessoa muda. Esse tipo de sentimento não pode ser desenvolvido com relação a um inimigo ou a pessoas desconhecidas.

A verdadeira compaixão é baseada principalmente na constatação de que os outros seres humanos são como eu; eles também têm o direito de se livrar do sofrimento. Com base nisto, surge uma preocupação, uma aproximação. Esta é a verdadeira compaixão e pode ser direcionada aos nossos inimigos. O "inimigo" pode ser uma pessoa ou uma comunidade que nos crie problemas, que nos prejudique.

Mas há um modo de olhar essa pessoa ou essa comunidade por outro ângulo – do mesmo modo que enxergamos a nós mesmos. Eles também têm o direito de se livrar do sofrimento. Com base nisto, podemos desenvolver autênticos sentimentos de preocupação e compaixão pelos outros.

Para meditar sobre a compaixão, pense em pessoas desafortunadas, como as que enfrentam a fome ou têm problemas mentais. Se você as mantiver na mente, desenvolverá preocupação e compaixão, um tipo de emoção baseado na razão.

Isto é diferente do apego emocional. É também diferente da emoção da cólera, que é um sentimento de natureza básica, espontâneo e emocional. A genuína compaixão não pode surgir de forma espontânea. Ela aparece através da análise, do raciocínio e do pensamento; está baseada na razão.

Após desenvolver um forte sentimento de compaixão, medite sobre ele usando toda a capacidade de sua mente. Entre no sentimento – sem pensar, sem nenhuma distração; apenas medite sobre ele. Sele sua mente para o exterior, com a determinação de permanecer focalizado no sentimento. Caso se sinta enfraquecido por alguma coisa, analise o sentimento novamente e tente recuperar seu poder; depois, medite sobre ele mais uma vez. Esse é um modo de meditar.

Depois de alguns dias, semanas, meses, sua atitude mental acabará se modificando. À medida que a compaixão se desenvolve, fica mais fácil lidar com a cólera, o ódio e outras emoções negativas vigorosas. Se você analisá-las, verificará que não há base sólida para essas emoções, embora sejam fortes e difíceis de controlar no momento.

Enquanto treina para ser compassivo, você desenvolve um sentimento de apreço pela compaixão e percebe como o ódio é negativo, como prejudica sua saúde. Quando a cólera é frequente, surgem problemas de pressão, falta de sono, falta de apetite e outros. Você poderá até discutir com seu melhor amigo.

Seja em nível internacional, nacional, familiar ou individual – creio que a cólera provoca desgraças. Por vezes, desperta uma energia poderosa, mas é uma energia cega. Não se pode saber ao certo se é destrutiva ou construtiva.

Vossa Santidade, existe um medicamento popular no Ocidente conhecido como Prozac, usado para mudar a química do cérebro, fazendo com que uma pessoa se sinta mais feliz. O que Vossa Santidade diria sobre essa técnica de se obter a felicidade?

SS: Para começar, sou totalmente ignorante a respeito desse medicamento. Não tenho nenhuma experiência com ele. Em minha opinião, o tipo de felicidade que você obtém com essas drogas é na verdade uma espécie de alucinação – como a provocada pelo excesso de álcool. Em determinadas ocasiões, você perde o controle de suas sensações.

Em nossas vidas, sempre nos deparamos com algum tipo de problema, e muita coisa depende de nossa atitude mental. Mas, se devido a algum produto químico você sente que tudo está bem, isto é uma ilusão. Eu já disse muitas vezes que nosso problema básico é que estamos confinados pela ignorância e, portanto, cercados por uma grossa parede de ilusões. Nós não precisamos de ilusões adicionais. Acho que é melhor sermos realistas.

Vossa Santidade pode nos falar alguma coisa sobre a vipasyana *como técnica de meditação?*

SS: Segundo o mestre indiano Asanga, a *vipasyana* é um tipo de estado em que alcançamos a sutileza mental pela análise, retendo a estabilidade da concentração. A mente se torna mais operante. Este estado mental é conhecido como *vipasyana.*

Existem dois tipos principais de *vipasyana*: um deles é voltado para os fenômenos convencionais e o outro, para a vacuidade. Na *vipasyana* focalizada nos fenômenos convencionais, uma das técnicas é a concentração no processo respiratório. A *vipasyana* também pode ser praticada através da visualização de divindades que emanam de nós e são depois reabsorvidas. E há um terceiro tipo, a prática temporal da *vipasyana*, conhecida como *vipasyana* comparativa, na qual focalizamos as falhas do reino dos desejos e as vantagens dos reinos sem forma, mais elevados.

A vipasyana *pode nos ajudar a meditar sobre a vacuidade, de modo a compreendê-la? Como isto acontece?*

SS: Vou explicar brevemente a meditação sobre a vacuidade na ausência da singularidade e da pluralidade. Para meditarmos sobre a vacuidade, primeiramente temos de identificar a vacuidade, ou seja, a coisa que será negada. Se não identificarmos o objeto da negação, não poderemos ter a imagem de sua ausência. Portanto, antes de tudo, precisamos desenvolver uma compreensão e uma imagem do que será negado. Para isso, convém primeiro refletir sobre nossa própria individualidade.

Ao dizer "eu vou", "eu como" ou "eu fico", contemple que tipo de individualidade, de "eu", aparece em sua mente. Tente se lembrar de situações desagradáveis, nas quais você foi injustamente acusado por alguma coisa... ou situações agradáveis em que você foi elogiado, tornou-se popular e assim por diante.

Durante tais experiências, sua mente flutua muito, e você poderá identificar o "eu" mais claramente. Pense: esse "eu" em sua mente aparece como algo separado de seu corpo e de sua mente? Como uma entidade independente? O tipo de "eu" que surge tão vividamente que você tem a impressão de que poderia tocá-lo com o dedo – algo independente de seu corpo e sua mente –, esse tipo de "eu" é a projeção mais equivocada de todas e é o objeto da negação. Este é o ponto essencial: identificar o que deve ser negado.

Se este "eu", ou individualidade independente, existe, está junto com o corpo e a mente, está separado dela ou haveria um terceiro modo de existência? Você deve analisar as diferentes possibilidades. Então descobrirá que, se uma entidade independente de fato existisse, deveria estar unida ao corpo e à mente – os agregados – ou estar separada de ambos, pois não há um terceiro modo de existência. Este é o segundo ponto essencial.

As opções são duas: ou há uma entidade com os agregados, ou há uma entidade totalmente diferente deles. Se possuir os agregados, então o corpo e a mente devem ser uma coisa só, pois ambos estão identificados com a individualidade, que é uma coisa só. Se a entidade é separada, então os agregados são múltiplos, assim como a individualidade deverá ser múltipla. Se essa individualidade independente, ou "eu", existisse como algo distintamente separado, distintamente desassociado dos agregados, ela deveria ser encontrável mesmo depois que os agregados deixassem de existir. O que não é o caso.

Por exemplo, no alvorecer ou durante o crepúsculo, quando não há muita luz, um rolo de corda pode parecer uma cobra e assustar alguém. Além da imagem da cobra na mente dessa pessoa, não há nenhuma indicação da existência de uma cobra por parte do objeto – o rolo de corda. O mesmo acontece com os agregados, que podem formar uma aparência de individualidade. Mas não há a menor partícula que possa ser identificada como essa individualidade em seu *interior*, embora a aparência *tenha origem* neles.

Assim como a cobra é apenas uma projeção mal-interpretada e não existe verdadeiramente, a pessoa também não existe verdadeiramente; existe apenas um rótulo atribuído aos agregados. Ambos os casos são idênticos, pois em nenhum deles há uma essência nos objetos observados.

No sistema madhyamika, *a existência fundamental das coisas é aceita para comprovar sua vacuidade fundamental. Existe um meio de percepção direta dessa não existência para aqueles de nós que não a obtivemos através da* vipasyana*?*

SS: Para se desenvolver a sabedoria de perceber o vazio, ou de constatar o vazio, não é necessário praticar a *vipasyana* ou a *samatha*. No entanto, de modo a reforçar essa sabedoria e acelerar o desenvolvimento, a *vipasyana* e a *samatha* se fazem necessárias.

O que você disse está corretíssimo. As coisas que existem de forma convencional podem ser afetadas por funções convencionais. Com base nisto, é possível explicar a vacuidade. Como esta não possui existência fundamental, é possível a coexistência de todos esses níveis aparentemente diferentes. O que você quer dizer com percepção da vacuidade? Não se basear no raciocínio?

Sim, quero dizer que, se alguma coisa é verdadeira, deveria combinar com nossa própria experiência. Seria o modo de testá-la.

SS: A verdadeira percepção da vacuidade no estágio inicial – a primeira constatação da vacuidade – tem de resultar de um processo lógico. Não é necessária uma racionalização formal, como expliquei, mas é preciso aplicar o raciocínio e, primeiramente, obter uma compreensão através de métodos dedutivos, que mais tarde pode levar a uma percepção direta.

A vipasyana *estabelece a impermanência em nossas mentes e é um passo em direção ao desprendimento. A meditação tântrica através das formas externas pode ser uma distração. Eu não compreendo como isto se enquadra no processo simples de se chegar ao desprendimento. A* vipasyana *não seria um caminho mais simples do que a meditação tântrica?*

SS: A meditação tântrica é difícil de praticar; não é nada fácil. Este é o significado especial da prática tântrica, seu propósito especial: uma mente que pratica duas virtudes simultaneamente.

Na *sutrayana* (em oposição à *tantrayana*), a mente se concentra no *shunyata*, e acumulamos um tipo de virtude. Neste estado, acumulamos muita sabedoria, mas não podemos acumular muito mérito. Em outras ocasiões, quando praticamos o *bodhicitta* ou a compaixão – *maitri* –, acumulamos o outro tipo de virtude: o mérito. Nesses momentos, a sabedoria não se desenvolve.

A sabedoria que entende o *shunyata* – a prática tântrica – se transforma em divindades, mandalas e aparências, enquanto uma divindade penetra na derradeira natureza da divindade, o *shunyata*. Esta sabedoria cria ambas as virtudes simultaneamente. Sua explicação é muito simples, mas sua prática é muito difícil! Esta prática tântrica também deve ser classificada como *vipasyana*, pois abriga muitos tipos de práticas *vipasyana*.

No budismo tibetano, a visualização da divindade feminina Tara e de outras como atributos de Buda é considerada uma técnica importante. Explique isso, por favor.

SS: A explicação, na prática tântrica, é que existem diversos tipos de atividades em que alguém pode se engajar, no que se refere aos diferentes aspectos dos atributos de Buda e à incorporação de diferentes formas.

Para progredir nesse caminho não é realmente necessário visualizar o Buda. Sem nenhuma visualização, apenas medite sobre o *shunyata*, no lado da sabedoria; e sobre o *bodhicitta*, ou altruísmo, no lado do método, ou *upaya*. Mas, para a prática tântrica, é geralmente necessário treinar as visualizações, pois o estado resultante possui tanto o Corpo da Forma (*Rupakaya*) quanto o Corpo da Verdade (*Dharmakaya*).

A principal razão pela qual desejamos alcançar a perfeita iluminação budista é ajudar os outros seres sencientes. A verdadeira qualidade de Buda, que contribui para ajudar todos os seres sencientes, é o *Rupakaya*, não o *Dharmakaya*. Quando os *bodisatvas* aspiram a alcançar a iluminação, concentram-se principalmente no Corpo da Forma.

Para alcançar a iluminação, é preciso acumular as causas e condições necessárias. Esta lei de causa e efeito permeia todos os fenômenos impermanentes, inclusive o estado de Buda. Portanto, a pessoa deve reunir causas substanciais (carma) para seu Corpo da Forma. Mas a prática da sabedoria não pode constituir esse carma substancial, pois a principal função da acumulação do mérito é a conquista do Corpo da Forma. O Corpo da Forma é como o resultado final do mérito.

Por outro lado, a sabedoria que percebe a vacuidade é como um carma substancial para a conquista do Corpo da Verdade. Como há dois tipos de corpos resultantes, há também duas causas diferentes. Embora a caridade, a moralidade e coisas assim possam também compor a causa para o Corpo da Forma, não podem fazer parte da causa substancial para o Corpo da Forma. Isto estaria em desacordo com a lei de causa e efeito.

O fator que serve como causa completa e substancial para o Corpo da Forma é a prática do tantra – a energia especial, os ventos. Se esse tipo de energia não for gerado com sabedoria, não poderá haver uma combinação do método e da sabedoria. Portanto, deve-se desenvolver um tipo de mente que, embora constituindo uma entidade, tenha também uma parte de sabedoria e uma parte de método para a realização completa do Corpo da Forma e do Corpo da Verdade no interior da mente.

Se perguntarmos qual é o aspecto do Corpo da Forma, geralmente não obteremos uma resposta definitiva; alguém pode dizer que se parece com uma estátua e assim por diante. Mas pode-se pelo menos obter uma ideia de algo que possa ser imaginado pelos seres humanos. É possível utilizar a forma de um objeto ou a imagem de uma divindade e se concentrar nela, refletindo sobre sua vacuidade.

Temos então a aparência da divindade e, ao mesmo tempo, uma compreensão de sua natureza vazia. Portanto, a mente terá ambas as qualidades – a visualização da divindade e a compreensão da vacuidade – completas em seu interior. Por este motivo, é necessário visualizar divindades e mandalas na prática tântrica.

Como estamos meditando sobre divindades, uma parte do mantra recitado para determinada divindade também estará incluída, mas as verdadeiras práticas devem ser realizadas através da meditação mental. Entretanto, caso alguém se sinta cansado ao final de uma sessão de meditação, pode dar trabalho à boca, em vez de ao cérebro, e repetir os mantras.

Essas divindades representam diferentes atributos do Buda?

SS: Sim. Quando falamos dos diferentes aspectos das divindades, existem dois tipos de entendimento. Um deles é que essas divindades constituem diferentes aspectos das diferentes qualidades do Buda. O outro entendimento surge quando os indivíduos tomam formas específicas do Buda como principal divindade para a meditação – e meditam e praticam sobre esta base. Quando se tornam iluminados, tornam-se esta mesma divindade. Tara, Avalokiteshvara ou Manjushri são diferentes seres que constituem Buda Shakyamuni. Ao mesmo tempo, existem diferentes divindades que são manifestações de cada Buda.

Vossa Santidade, como devem ser arrumados os Objetos de Refúgio?

SS: O modo como os diversos Objetos de Refúgio são arrumados também pode ser explicado. Se você tiver condições de ter todos os objetos religiosos necessários, deixe-os à mostra. Se não tiver, isso não tem muita importância.

O grande meditador do Tibete, Yogi Milarepa, não possuía nada além de uns rolos de papel com instruções de Marpa, seu mestre, que ele arrumava em sua caverna. Embora não tivesse nada, um ladrão, certa noite, entrou em sua caverna. Milarepa riu e disse: "Eu não consigo encontrar nada aqui durante o dia, o que você espera encontrar à noite?" Diz-se que um verdadeiro meditador nunca sente falta de objetos externos.

Então, o senhor está dizendo que a motivação do meditador é o ingrediente mais importante?

SS: Sim. Há uma história sobre um dos grandes meditadores do Tibete. Certo dia, ele arrumou suas oferendas particularmente bem. Depois, sentou-se e pensou: *Por que eu fiz isso?* Percebeu então que o fizera porque desejava impressionar um de seus benfeitores, que o visitaria naquele dia. Ficou tão desgostoso com sua motivação poluída que pegou um punhado de poeira e o atirou sobre as oferendas.

Outro meditador fora outrora um ladrão. Um dia, quando estava visitando uma família, sua mão direita automaticamente se dirigiu para um belo objeto. Ele então agarrou a mão direita com a mão esquerda e gritou: "Pega ladrão... pega ladrão!"

Esta é, de fato, uma prática muito eficiente, pois a coisa certa a ser feita é implementada a cada momento. Quando varremos, limpamos ou arrumamos algumas coisas, nossa motivação deve ser pura e sincera; nosso desejo não deve ser apenas ter um lugar limpo, mas também colocar nossa mente em ordem. Deve haver o mínimo possível de preocupações mundanas, ou mesmo nenhuma.

Mais tarde, quando visualizamos as divindades, fazemos oferendas e recitamos mantras, é como se estivéssemos fazendo preparativos para receber convidados importantes. Quando estamos esperando um convidado, limpamos e arrumamos tudo, não é? Para a prática da meditação, primeiro limpe o aposento. Sua motivação para fazer isto não deve estar poluída por estados negativos da mente, tais como apego, ódio e atitudes semelhantes.

Vossa Santidade, quando visualizamos uma divindade, como a escolhemos e por quê?

SS: Primeiramente, a estátua do Buda precisa ser explicada. O termo sânscrito *Buddha* tem um profundo significado.

Significa que a pessoa está com a mente purificada de defeitos e suas realizações foram completamente desenvolvidas.

O Buda é também conhecido como Tathagatha, aquele que ingressou na verdadeira natureza da existência e que se originou na natureza. Quando alguém explica o significado de se originar na natureza, chega aos três corpos do Buda: *Dharmakaya*, ou Corpo da Verdade; *Sambhogakaya*, ou Corpo da Alegria; e *Nirmanakaya*, ou Corpo da Emanação. Explicações detalhadas a respeito dos três corpos do Buda podem ser encontradas na literatura maaiana.

Quando o Buda chegou a este universo como Buda Shakyamuni, assumiu o Corpo da Emanação a partir do Corpo da Verdade. Todos os grandes eventos de sua vida, a começar de sua concepção no útero até seu *parinirvana*, são considerados feitos do Buda. Acredita-se também que Buda Shakyamuni está vivo no presente momento.

O Buda é também conhecido como *Sugatha* – aquele que passou para a paz, ou aquele que viajou pelo caminho da paz em um estado de paz. Isto também explica suas realizações pacíficas e seu pacífico abandono, ou cessação. A natureza de Buda, que é inerente a todos os seres sencientes, é também conhecida como *Sugatha*, a essência de Buda.

O corpo, a fala e a mente do Buda são explicados em diferentes manifestações: o corpo, como Avalokiteshvara; a fala, como Manjushri; e a mente, como Vajrapani. Mas, nos textos, Avalokiteshvara, Manjushri e Vajrapani são explicadas como a personificação da compaixão, da sabedoria e da energia, ou ações corretas, do Buda. Avalokiteshvara, Manjushri e Tara são divindades pacíficas, enquando Vajrapani é ligeiramente colérica.

Quando alguém está dominado pela ira, pode agir de modo mais vigoroso. Esta é a razão para a existência de divindades coléricas. Segundo o mais elevado Iogatantra, alguém pode atrair este forte desejo ou ódio, para seu caminho. Tara é tida também como um aspecto purificador dos ventos do corpo, ou energia. Todas as diferentes qualidades do Buda – como a compaixão, a sabedoria, a força e assim por diante – dependem de uma força motriz, que é a energia, ou mente – o *prana*. Pode-se dizer também que Tara é a divindade feminina. De acordo com a lenda, Tara fez questão de se tornar iluminada em sua forma feminina, quando cultivava a aspiração de alcançar a iluminação.

Vossa Santidade poderia nos guiar através de uma verdadeira visualização?

SS: No espaço diante de nós, a cerca de um metro adiante e ao nível de nossos olhos, os Objetos de Refúgio devem ser visualizados com a natureza da luz. Se visualizarmos as divindades como brilhantes raios de luz, isto contribuirá para eliminar a sonolência ou o torpor. Por outro lado, se visualizarmos as divindades como algo pesado, sólido, isto nos ajudará a reduzir a excitação mental, que de outra forma poderia nos perturbar.

À direita do Buda, visualize Bodisatva Avalokiteshvara, de cor branca, que significa pureza. Manjushri, a personificação da sabedoria crescente, à esquerda, é amarelo. Amarelo significa crescimento. Meditar sobre Avalokiteshvara aumentará a força da compaixão e meditar sobre Manjushri aumentará a sabedoria.

Visualize então Vajrapani diante do Buda – Vajrapani tem traços levemente coléricos. Se você tem indícios de obstáculos misteriosos ou invisíveis à sua frente, recitar o mantra de Vajrapani o ajudará a superá-los. Em seguida, visualize Arya Tara atrás do Buda; o exercício para a longevidade é feito principalmente através da meditação sobre Tara.

Uma recomendação a respeito de como visualizar todos os seres sencientes: à nossa direita, devemos visualizar todos os nossos parentes do sexo masculino, começando por nosso pai; e, à nossa esquerda, todos os parentes do sexo feminino, começando por nossa mãe. Atrás de nós estarão os demais seres sencientes, exceto nossos inimigos, que estarão diante de nós. Visualizamos esses diferentes seres sencientes sob o aspecto de seres humanos, que estão passando pelos sofrimentos de suas diferentes encarnações.

Reflita sobre o fato de que, assim como desejamos ardentemente alcançar a felicidade e evitar o sofrimento, todos os seres sencientes também o desejam. Visualize particularmente os indivíduos à nossa frente, os que combatemos como inimigos, os que achamos que querem nos prejudicar. E pense: *A natureza deles enquanto seres sencientes é igual à minha; eles também querem ser felizes e não querem sofrer.*

Se você desenvolver atitudes e sentimentos negativos a respeito deles, isto não os prejudicará, não é? Você apenas perderá sua paz de espírito. Sentimentos negativos poderiam valer a pena apenas se ferissem os outros!

Por este motivo, o inimigo é deliberadamente visualizado à frente – não para ser vigiado com suspeitas, mas para que a prática seja executada de modo mais positivo. Então, com profunda sinceridade, recite essas palavras sagradas 21 vezes, ou tantas quanto puder:

Namo Buddhaya
Namo Dharmaya
Namo Sanghaya

Se tiver vontade, tempo e achar que é válido, você poderá fazer o seguinte exercício: enquanto estiver recitando a fórmula do Refúgio com motivação, fé e uma mente compassiva, visualize raios de luz emanando dos Objetos de Refúgio e entrando em seu corpo – e nos corpos dos outros seres sencientes ao seu redor. Visualize que todas as atitudes negativas, como o ódio, o desejo, a ignorância, a cólera – e coisas semelhantes que há dentro de você e dos outros seres sencientes –, estão sendo pacificadas por esses raios de luz.

Por que Tara é usada especificamente para curar doenças e proporcionar uma vida mais longa, e como podemos visualizar os raios de luz quando estamos meditando sobre ela?

SS: Existem muitos textos relacionados a Tara que tratam da execução de diversas atividades. Assim como Avalokiteshvara é visto como a personificação da compaixão e Manjushri, da sabedoria, Tara é vista como a personificação do vento, do prana. A continuidade dos ventos internos é importante para a longevidade. Creio que há um elo entre ambas as coisas, pois existem algumas práticas para o prolongamento da vida em que o praticante prende a respiração.

Ao começar a visualização durante a prática, devemos visualizar o círculo de mantra no coração de Tara. Raios luminosos emanam desse círculo e se dissolvem em nosso corpo, principalmente nos pontos onde sentimos dores. Os raios de luz são quentes ou frios, dependendo do tipo de doença que sofremos.

A visualização é obrigatória? Eu prefiro a simplicidade, tanto externa quando mentalmente.

SS: Depende da natureza do indivíduo. As perguntas são muitas: *Que tipo de meditação devemos praticar? Devemos meditar sobre a natureza da mente sem pensarmos muito? Devemos apenas nos concentrar na natureza da mente? Mas que tipo de natureza?*

Um dos aspectos da natureza da mente não tem cor nem forma, mas é um tipo de entidade que tem a qualidade de refletir opostos. Não podemos segurá-lo ou imaginá-lo, assim como quando uma forma é refletida em um espelho. Mas quando a forma desaparece o reflexo também desaparece.

Acontece o mesmo com a mente. Ela reflete o objeto. Este é um dos níveis, uma das naturezas da mente. Para essa meditação, não há necessidade de devoção. Apenas se concentre nela diariamente e ela irá evoluir.

Mas nosso objetivo aqui é o *bodhicitta*, o altruísmo, um tipo especial de altruísmo: a compreensão da vacuidade, o *shunyata*, que também nos prepara para a ioga da divindade. Depois que alguém recebe uma iniciação – a verdadeira prática do *tantrayana* é a ioga da divindade –, visualiza a si mesmo como diversas divindades. Isto forma uma base para a ioga da divindade.

Vossa Santidade diz que estamos nos movendo em direção ao bodhicitta, *em direção a verdades maiores, usando as divindades como instrumentos. Quando estamos nos elevando para patamares mais altos, símbolos intermediários são sempre necessários?*

SS: Algumas pessoas conseguem realizações espontâneas. Isto é possível para praticantes excepcionais. Para tais indivíduos, ao que se diz, a constatação e a liberação ocorrem simultaneamente.

Vamos examinar a meditação do *bodhicitta*. Tudo indica que o progresso depende do mérito de cada um. Por exemplo, alguns indivíduos praticam os mesmos ensinamentos, tentam alcançar o mesmo objetivo e possuem o mesmo nível de conhecimentos. Embora os recursos sejam os mesmos, há diferenças nos resultados. Em um curto espaço de tempo, pode ocorrer uma mudança de atitude mental em um deles, enquanto os demais mudam muito lentamente – embora as circunstâncias sejam iguais.

Conhecimento e vivenciamento são coisas diferentes, não são? O conhecimento pode ser alcançado através de explicações, leituras e raciocínios. Mas nós acreditamos que, para um vivenciamento adequado, é preciso haver méritos, virtudes. Para uma pessoa com um grande acúmulo de méritos, ou virtudes, seja de vidas passadas ou da vida presente, as coisas são mais fáceis. Este é um dos motivos das ofertas de prostrações e coisas assim. A virtude se eleva e o mérito aumenta através dessas oferendas. Isso é preparação. Quando se ingressa na verdadeira prática da meditação, tudo fica mais fácil. Esse é um dos caminhos.

Como você mencionou, é verdade que a ioga da divindade é conhecida como ioga simulada ou artificial. Um indivíduo alcança a ioga espontânea através da prática da ioga simulada.

Mas isso é necessário?

SS: Para se obter uma ioga espontânea, não estimulada, é preciso passar pelo processo e pelos estágios da ioga simulada e artificial. Buda explicou nos tantras que a ioga simulada ou artificial é o barco pelo qual se atravessa o rio. A finalidade de entrar no barco não é simplesmente viajar, mas usá-lo como um meio para chegar à outra margem. Ao chegar à margem da ioga espontânea, você pode abandonar a artificial. A esse respeito, um dos mestres tibetanos disse que, embora você tenha de abandonar o barco cedo ou tarde, a hora de fazer isso é quando atinge o outro lado, não quando ainda está neste lado. Mas tudo depende totalmente da experiência individual.

Segundo algumas tradições tibetanas, isto só é possível através da investigação direta. Mas aqui não se trata de investigação, não é? Trata-se de um tipo de experiência direta da pureza da consciência. Segundo essas tradições, você utiliza o raciocínio conceitual quando começa a investigar. O modo correto é fazer isso sem a intervenção da mente, apenas através da consciência básica – uma espécie de simultaneidade, um vivenciamento excepcional. Coisa muito difícil. Costumamos dizer que a abordagem direta é uma coisa muito fácil e muito poderosa. Mas na prática é muito difícil, embora minhas experiências ainda sejam limitadas.

Quando uma pessoa tem uma experiência dessas, em certos momentos muito intensos e nítidos, ela se lembra de acontecimentos de vidas passadas – não de uma vida, mas de centenas delas. Quando tais lembranças aparecem, um tipo altamente sutil de consciência/vivenciamento se torna evidente.

Esses estados mentais às vezes ocorrem depois de um longo tempo de devoção, muitos anos de oferendas – por exemplo, cem mil prostrações, cem mil mandalas, cem mil recitações do Mantra de Cem Sílabas. É um trabalho duro, uma prática rigorosa. As experiências espontâneas ocorrem em condições especiais. Embora a experiência direta seja a verdadeira meta, se o indivíduo não se preparar rigorosamente para ela, nada irá acontecer.

Por que é necessário visualizar a dissolução das divindades no shunyata*?*

SS: É preciso que a pessoa seja capaz de ter uma visão da divindade, da própria consciência que percebe a vacuidade que surge como divindade. Quando alguém está em treinamento, é útil ver tudo como manifestações da vacuidade. Isto se refere à vacuidade da existência inerente. A própria consciência que tem a visão da vacuidade deve ser vista como a divindade.

No nível da consciência visual, as divindades aparecem em uma forma comum, mundana. Isso não interfere com a consciência da vacuidade, que é o que invocamos em última instância?

SS: Embora no nível da consciência sensória tenhamos essa aparência comum, estamos falando de ver as divindades em sua natureza pura, no nível da consciência mental, pois os fatores que têm de ser abandonados no treinamento são as aparências e percepções comuns. Essa aparência comum, entretanto, não é a que temos no nível da consciência sensória, que não pode ser evitada. Estamos falando da aparência nos fenômenos ocorridos no nível da consciência mental.

Como já discutimos quando falamos sobre a meditação *samatha*, não estamos cultivando o ponto único no nível de nossa consciência sensória, e sim no nível de nossa consciência mental. Independentemente do que vemos com nossos olhos, se nos esforçarmos para ver a imagem de outra coisa, podemos visualizar essa imagem em nossa consciência.

CAPÍTULO 14

A ARTE TIBETANA DE TREINAR A MENTE

Vossa Santidade, a tradição tibetana possui técnicas muito sofisticadas de treinar a mente. O senhor acredita que a mente pode ser treinada da mesma forma que o corpo?

SS: Pela minha experiência pessoal, posso dizer a você, com confiança, que a mente pode ser modificada mediante treinamento. Quando jovem, eu era muito genioso, embora meus acessos não durassem muito. Perdia a cabeça com muita frequência. Agora, com o treinamento, e também com a idade, eu mudei. Ainda me irrito, ainda sinto apego, mas essas coisas vêm e vão, sem muito efeito em minha mente – basicamente a de um monge budista. A mente é como um oceano: enquanto as ondas vêm e vão na superfície, o fundo do oceano permanece calmo.

A eliminação das emoções negativas é muito difícil; requer muito esforço, muita meditação e ações. Mas é possível reduzir a intensidade das emoções. As escrituras antigas, seus métodos e técnicas são muito relevantes nos dias de hoje, seja a pessoa crente ou descrente.

Muitos acreditam que o dinheiro resolverá todos os problemas humanos. Acredito que a resposta a esses problemas não é externa. Embora o modo de vida materialista que prevalece no Ocidente seja, é claro, importante e útil para a humanidade, os valores tradicionais, ou espirituais, são igualmente importantes, senão mais.

Não devemos negligenciar nossa riqueza tradicional. Esta riqueza interior é uma combinação de desenvolvimento material, conforto físico e conforto mental – obtido através do treinamento espiritual. Isto não deveria se restringir aos indianos ou tibetanos, mas se estender à humanidade como um todo. Para um equilíbrio adequado, os desenvolvimentos material e espiritual devem andar juntos.

Em sua opinião, por que um indivíduo deveria ser convencido a treinar para modificar sua mente? Quais seriam os benefícios?

SS: Temos de ter uma percepção clara tanto das virtudes quanto dos aspectos negativos e prejudiciais da mente. Precisamos reconhecer a utilidade da compaixão, do amor, do contentamento e do perdão; sem esquecer que no outro lado há ódio, descontentamento e apego, coisas que acarretam problemas.

Mesmo sob o ponto de vista da saúde física, quanto mais compassiva é nossa mente, mais saudáveis somos. A compaixão proporciona força interior e autoconfiança, coisas que trazem a calma. Por outro lado, a cólera e o ódio são muito, mas muito prejudiciais para o desenvolvimento da calma e da autoconfiança.

Se sua atitude mental com relação aos outros for negativa, eles automaticamente terão o mesmo tipo de atitude com relação a você. O que provoca mais medo, mais dúvidas. O resultado, portanto, é mal-estar e desassossego – um estado mental bastante prejudicial à saúde.

A mente é como uma vida bem-sucedida, ou uma família feliz, em que diferentes tipos de emoção estão envolvidos. Quanto mais compassiva e receptiva, mais felicidade trará à comunidade. No entanto, a cólera e o apego são emoções muito poderosas. E fazem parte da vida cotidiana; sem elas, a vida perderia o colorido. Com essas emoções extras, nossa vida se torna mais colorida.

Vossa Santidade às vezes sente esse tipo de emoções?

SS: Ah, sim! Às vezes sinto, é claro! Mas quando você está atento a tais emoções sua mente fica firme. Como resultado, sua individualidade física também se torna estável. Muitas subidas e descidas fazem mal ao corpo.

Portanto, a demarcação entre o que é positivo e o que é negativo é muito simples. Todo mundo deseja ser feliz e levar uma vida produtiva. A felicidade deveria ser o verdadeiro objetivo de nossas vidas. As emoções positivas, em última instância, produzem felicidade, calma e paz; enquanto as negativas acarretam sofrimento, para nós mesmos e para os outros.

Vossa Santidade, as tradições ocidentais, essencialmente, utilizam duas estratégias para superar distúrbios mentais: medicamentos para modificar a bioquímica do cérebro ou terapia, em que o paciente conversa com um terapeuta e verbaliza o que podem ser ansiedades ocultas. Qual é a tradição tibetana para o treinamento da mente?

SS: Depende do caso. As pessoas com sérios desequilíbrios físicos devem ser tratadas com métodos físicos. Se o caso é puramente psicológico, um dos meios de cura é expressar os sentimentos. Em algumas ocasiões, certas experiências do passado fazem com que um indivíduo se sinta desconfortável ou temeroso. Nesses casos, expressar as ansiedades pode ser útil.

Quando você sente ódio ou cólera, as emoções negativas aumentam e continuam a crescer. Tornou-se bastante claro para mim, por minha própria experiência, que, ao perceber a negatividade e a nocividade dessas emoções, você pode tomar alguma medida contra elas ou se distanciar delas. Este tipo de atitude tem um grande impacto sobre as emoções negativas. Assim, em alguns casos, o melhor é você mesmo controlar suas emoções.

Vossa Santidade, a incidência de doenças mentais como a depressão e outras tem aumentado. A ciência se concentra na bioquímica do cérebro e usa medicamentos para curá-las. O senhor recomenda a busca e a prática da compaixão como um "medicamento" para a mudança. Como o senhor concilia a prática de meditação e o uso de substâncias químicas para alterar os estados da mente?

SS: Pode parecer um tanto radical confiar de modo absoluto nas técnicas de meditação para treinar a mente, mas sinto que é igualmente radical confiar de modo absoluto em métodos externos. Os seres humanos são dotados de uma inteligência maravilhosa que deveria ser usada para aliviar as doenças, sobretudo os problemas mentais.

O cérebro humano é como a energia nuclear, que pode ser usada de forma positiva ou destrutiva. Em última análise, esta inteligência, este poder intelectual é extremamente benéfico se utilizado de forma adequada. Do mesmo modo, a meditação pode ser imensamente benéfica para as pessoas que sofrem de doenças mentais.

A melhor coisa a fazer é enfrentar o problema, abordá-lo sob vários aspectos, reduzindo assim o fardo mental. O problema pode permanecer, mas a mente alcança certa medida de paz e tranquilidade – e o problema poderá ser tratado de modo mais eficiente e positivo.

Vossa Santidade, o que exatamente é o tantra, principalmente no contexto do budismo? O tantra data da época de Buda ou surgiu mais tarde?

SS: Parece que surgiu mais tarde. Existe um sistema de crenças segundo o qual até mesmo o maaiana não é um ensinamento direto de Buda. E há uma crença generalizada de que o tantra veio muito mais tarde. Por outro lado, se o maaiana não for aceito como autêntico ensinamento de Buda, até a perfeita iluminação budista será questionável. Portanto, é quase forçoso concluir que o maaiana é um autêntico ensinamento de Buda. A diferença é que Buda ensinou o maaiana para ouvintes selecionados, e não em eventos públicos. Por algum tempo, o maaiana foi uma doutrina secreta.

O tantra é ainda mais secreto. E depende também da maturação do carma dos praticantes. Não é necessário restringir seu aparecimento ao período histórico de Buda Shakyamuni. De acordo com a visão maaiana, embora Buda Shakyamuni tenha falecido, ele ainda é considerado um ser vivo. Há muitas histórias de pessoas que obtiveram ensinamentos diretos de Buda. Historicamente, é possível ver Buda e obter ensinamentos dele. Em alguns casos, Buda Shakyamuni apareceu como monge budista; em outros, como Vajradhara, uma divindade do mandala.

Vossa Santidade falou sobre os mantras e o efeito que podem ter. Alguns deles contribuem para aprofundar o raciocínio e outros, a concentração. Mas me pergunto como uma série de sons pode de fato ter esse efeito.

SS: A repetição oral do mantra, o som, é o mantra literal. Enquanto repetimos o mantra, refletimos sobre o significado do mantra, que é mais profundo. É difícil explicar como esse tipo de recitação produz efeitos. Acho que quando recitamos os mantras corretamente nosso mérito aumenta. Não sei de nenhuma relação com o som.

É verdade que as vibrações de certas sílabas também modificam a energia à nossa volta e em torno de nós?

SS: Sim, é possível. Outro aspecto, evidentemente, é a bênção. O mantra foi ensinado por certas forças e, ao longo do tempo, muitas pessoas têm praticado o mesmo mantra. Creio que o mantra, por si só, é abençoado. Lugares sagrados são abençoados pelas pessoas e ficam carregados de energia. Mais tarde esses lugares abençoam aqueles que os visitam. A mesma coisa é possível com os mantras.

Quando alguém está engajado na prática da ioga do vento, visualizando canais e coisas semelhantes, ocorre uma estreita ligação com os mantras, que pode ser explicada. Assim, o principal resultado da recitação dos mantras advém da prática da forma mais elevada de *iogatantra*, em que se pratica a ioga dos ventos e dos canais. Esta é uma forma de ver a questão. Fora isso, não faço ideia.

Vossa Santidade, o significado da palavra mantra é "proteção da mente" – o que, em essência, é uma coisa positiva, criativa. Ouvem-se histórias de pessoas mal-intencionadas que usam mantras para prejudicar os outros. Em primeiro lugar: isto seria uma possibilidade? Em segundo: se for uma possibilidade, não seria uma contradição?

SS: A possibilidade existe. Iantra, mantra – quando falamos aqui de coisas como paz, crescimento, influência, ira e assim por diante, são atividades diferentes. Há uma grande variedade de praticantes. Alguns não têm poder de concentração profunda, não possuem altruísmo nem nenhuma compreensão do *shunyata*. Eles podem infligir danos mediante algum tipo de técnica, mas esse poder é muito limitado.

Os mantras são usados em muitas práticas diferentes. Existem também diferentes tipos de mantras. Por exemplo, aqueles expostos por Vajradhara, o Buda, nos tratados tântricos. Há outros tipos que foram explanados por divindades terrenas. É muito difícil distinguir entre mantras budistas e não budistas. Mas uma distinção precisa ser feita: se existem ou não fatores complementares de sabedoria que compreendem o *shunyata* e a atitude altruísta – a aspiração a ajudar os outros a alcançar a iluminação. Não é fácil fazer esta distinção a partir do mantra em si.

Existem diferentes formas de divindades, mandalas e mantras que são baseados na teoria da *atman*. Não são budistas. As divindades, mandalas e mantras baseados no *anatman* – *shunyata* – fazem parte do tantra budista.

CAPÍTULO 15

A CIÊNCIA DA MENTE

Não existe uma visão ocidental da mente, do sofrimento e da cura. Entretanto, existe um conjunto de visões semelhantes no Ocidente, que data de um período radical, quando Freud e Jung consideravam a "mente" algo oculto, com pouca coisa consciente e muita coisa inconsciente. Nos dias de hoje, a visão dominante é baseada no modelo neurocientífico da mente, que reduz a "mente" aos processos físicos do cérebro.

Muitos pioneiros ocidentais criticam a abordagem oriental da mente, que consideram metafísica, em vez de científica ou empírica. Até mesmo Jung, simpático ao pensamento budista/indiano, disse: "Meus conceitos são empíricos, não especulativos." O que Vossa Santidade acha disto?

SS: Creio que os pontos de vista ocidentais, assim como Jung e Freud, estão equivocados em certo sentido. Eles sustentam que a mente no pensamento budista/indiano é uma coisa metafísica. Isto não é verdade. A essência do moderno conceito de mente é a internalização – ou seja, existe uma coisa dentro de nós que causa o sofrimento e que, ao mesmo tempo, pode acabar com o sofrimento. O sofrimento, portanto, não provém do exterior. Também não existem espíritos, fantasmas, influências astrológicas e coisas assim. O sistema hindu possui seis paixões, e os budistas têm os *avidyas*, apegos extremados. Portanto, tudo está no interior, o que corresponde bastante ao moderno conceito psicológico da mente. Creio que eles se enganaram ao confundirem a origem histórica com a falta de evidências.

Os conceitos da filosofia indiana são totalmente filosóficos. A psicologia ocidental nos conta a história das aventuras dos modernos homens europeus. Somente se formos capazes de perceber a relatividade – isto é, a incerteza de todos os postulados humanos –, poderemos vivenciar o estado que faz sentido dentro da moderna psicologia. Mas a psicologia não faz sentido, a menos que possamos nos solidarizar com seres forçados a viver baseados em fatos a serem vivenciados e não em postulados transcendentais fora do alcance da experiência humana.

Vossa Santidade poderia esclarecer o conceito budista da mente?

SS: O uso do termo *mente* é muito complicado. As conotações em que eu apresento este termo podem ou não se adequar à palavra em si.

Eis algumas explicações básicas do pensamento budista. Algumas escolas de *tantrayana* falam de diferentes níveis de corpo e mente. Segundo o que alguém poderia chamar de "mente" ou "consciência", existem níveis e variedades diferentes. O nível grosseiro da mente é um produto do corpo. Enquanto o corpo funciona, essa mente permanece ativa. Assim que o cérebro para de funcionar, ela também para. É uma coisa física, relacionada às reações químicas do cérebro. No entendimento budista, existe outra mente, com uma causa substancial, que não está relacionada ao corpo físico. E a natureza básica dessa mente é a clareza do conhecimento.

No nível mais sutil, a mente funciona em nível inconsciente. Há uma energia muito sutil que pode nos separar de nossos corpos. Mas, falando francamente, isto é difícil de provar ou de explicar, a menos que o interlocutor tenha alguma experiência com a meditação. Portanto, existem duas categorias de mente: a "mente grosseira", que depende do corpo físico; e uma "mente sutil", independente do corpo físico.

Já aconteceu de alguém ser declarado clinicamente morto, mas seu corpo permanecer viçoso, sem decomposição, durante dias. Por exemplo, durante 13 dias após sua morte, o corpo de meu tutor permaneceu viçoso. No início da década de 1970, o corpo de outro praticante permaneceu viçoso por 17 dias após sua morte.

Nossa explicação é que o corpo e o cérebro deixam de funcionar, mas o corpo permanece viçoso porque a mente sutil ainda se encontra em seu interior. Tão logo a mente sutil sai do corpo, o modo sutil de controle corporal desaparece. Depois disto, veja bem, surge um líquido e a decomposição se processa no espaço de minutos.

Este é o nosso conceito da mente. Vale destacar que, embora usemos repetidamente as palavras *mente*, *individualidade*, *percepção* e *consciência*, nossa tendência normal é utilizá-las sem saber o que é consciência.

Vossa Santidade, o que é esta individualidade que constitui a mente e o corpo?

SS: Segundo as escrituras budistas, a individualidade deve existir no âmbito dos agregados, e não como algo sem relação com eles, ou proveniente de outro lugar. Nem todas as correntes budistas aceitam uma individualidade inteiriça e permanente. Mas todos os budistas aceitam o terceiro selo do que é conhecido como os Quatro Selos do Budismo – segundo o qual todos os fenômenos são vazios e sem identidade.

Algumas correntes budistas, no entanto, propõem a existência da individualidade. Identificam a individualidade com os cinco agregados. Outras escolas, tendo dificuldade em identificar a individualidade com a consciência comum, que está sempre passando de virtuosa para não virtuosa, propõem uma consciência inteiramente diferente, que possui as qualidades de uma mente neutra e sempre presente, chamada de mente-base de tudo. Tais correntes identificam a individualidade com os cinco agregados ou com algum deles.

O sábio budista Chandrakirti diz que os agregados são como pertences da individualidade. Não são a própria individualidade; se os próprios agregados fossem a individualidade, os pertences e a pessoa a quem pertencem seriam uma coisa só. Os cinco agregados são classificados em duas categorias – *corpo* e *mente*.

Temos a sensação inata de que nosso corpo pertence a nós – é o "meu corpo". Assim, também, podemos considerar esse corpo pertencente à individualidade, ou sendo o objeto de alegria da individualidade. Da mesma forma, temos uma sensação inata de possuirmos nossa mente – a "minha mente". A mente também pode ser considerada pertencente à individualidade. Portanto, a individualidade pode ser considerada uma coisa diferente tanto do corpo quanto da mente. Apesar disto, quando procurada de forma analítica, ela não pode ser encontrada fora do corpo e da mente.

Por outro lado, se essa individualidade não existisse, não haveria seres humanos; não haveria nenhum sentido em nossas conversas. Portanto, deveria ser possível encontrá-la através de um processo analítico. Mas, quando empreendemos uma busca analítica, não a encontramos. Isto indica que ela não existe de forma independente.

Se a individualidade não é substancial, é um sonho, uma ilusão? Ou uma realidade?

SS: Cabe a pergunta: assim como a individualidade é uma atribuição, um rótulo, um homem em um sonho é também uma atribuição ou um rótulo; não haveria então diferença entre ambos?

A resposta é que nenhum deles existe do ponto de vista do objeto. São a mesma coisa, nesse caso. Mas há uma diferença em suas atribuições. Nenhum mal pode ser infligido por uma cognição válida que tenta refutar alguém como pessoa, e tal indivíduo não pode ser refutado como pessoa pela sabedoria, que busca sua natureza definitiva.

Entretanto, embora esta mesma consciência perceba o homem do sonho como uma pessoa, outros tipos de consciência podem refutá-lo. Embora sejam a mesma coisa no tocante a não existirem como objetos, a diferença é que uma visão pode ser dissolvida por outra consciência, mas o contrário não pode ser feito. Portanto, um indivíduo existe como pessoa convencionalmente, mas o outro não.

Como estabelecemos que a individualidade existe, abolimos o niilismo extremo. E, como já refutamos a existência de uma natureza independente, também abolimos o eternalismo extremo. Desse modo, alcançamos o caminho do meio.

A ausência da individualidade independente pode ser percebida? A resposta é sim, ela pode ser percebida. Embora seja um fenômeno que não pode ser abordado de forma positiva, é possível postulá-la excluindo os fatores contrários.

Por exemplo, esta mesa estar sem um elefante de louça é uma coisa que não podemos perceber de modo afirmativo. Mas, excluindo o objeto de negação – no caso o elefante –, podemos perceber que esta mesa está sem um elefante. Como a individualidade independente é algo que pode ser refutado pelo raciocínio lógico, podemos ter certeza de que esta individualidade – o elefante – não existe. O tipo de objeto de negação, assim como sua individualidade inerente ou independente, é não existente; portanto, pode ser descartado pelo raciocínio lógico.

Alguém pode pensar que, se a ausência de natureza independente existe em todos os fenômenos com natureza inerente, qual a utilidade de entendê-la? Quando as coisas aparecem para nós, devemos perguntar como elas aparecem. Quando a individualidade aparece para nós, que tipo de aparência ela tem? O mesmo vale para nossos amigos, nossos inimigos, pessoas neutras... quando aparecem para nós, como aparecem? Neste momento, embora as qualidades intrínsecas dessas pessoas estejam presentes, assim como suas diferenças, as qualidades intrínsecas não aparecem para nós. As pessoas parecem sólidas, estáveis.

Alguém pode ter a ilusão de que pode mudar o mundo. Como podemos distinguir quando a mente está nos enganando e quando não está? A mente é o instrumento que usamos para raciocinar. Quando a própria mente está iludida, o que podemos fazer?

SS: Existem dois tipos de percepção correta: a percepção terrena correta e a percepção correta que está além do nível terreno.

– **Primeiro:** a percepção que está além do nível terreno se refere à constatação da natureza dos fenômenos, o que significa a vacuidade – ou seja, ver os fenômenos como se estes tivessem algum tipo de existência inerente é uma percepção equivocada. Devido à influência dessa percepção equivocada, temos a impressão de compreender sua verdadeira existência, o que é também uma percepção falsa. Para entender que nossa consciência está equivocada, devemos primeiro compreender que os fenômenos não possuem existência real. Através da compreensão de sua natureza, podemos perceber que a consciência para a qual os fenômenos aparecem em determinada forma também está equivocada.

Quando passamos por aflições emocionais como o apego ou o ódio, o objeto de nosso desejo ou nossa repulsa aparece como se fosse algo sólido; a bondade ou a beleza do objeto aparece como algo independente que jamais irá mudar. Ao percebermos que o objeto de nossa atenção não existe como o vemos, nossas emoções de ódio ou desejo diminuirão. Este é o estágio em que meditamos sobre a vacuidade.

– **Segundo:** no sentido terreno correto, a consciência que sabe que algo precisa ser feito de determinada forma, não poluída por emoções tão fortes, não está relacionada ao vivenciamento de emoções fortes como o ódio e por aí vai. Tal consciência deve ser julgada em sua própria base.

As pessoas usam os seguintes termos aleatoriamente: individualidade, mente, percepção, consciência. *E de forma não muito precisa.*

SS: Segundo uma corrente budista de pensamento, existe uma parte da mente que chamamos de "individualidade"; mas outras correntes budistas não concordam com isto. A "individualidade" é uma coisa diferente da "mente". Mas é claro que, sem a "mente", a individualidade não pode existir. Com uma combinação de "corpo" e "mente", vemos a "individualidade", o "ser".

Vossa Santidade mencionou que o "eu" é como um mestre. Existe alguma coisa dentro de nós que nos faz pensar ou agir de determinada forma – o ego? O que é este "eu" sem o qual um ser humano é incapaz de agir ou pensar?

SS: Este é exatamente o problema. Não podemos negar a existência de um "eu". Não podemos encontrá-lo, mas ele existe. Existe como resultado de uma atribuição. A individualidade – ou "eu" – não é autossuficiente, mas muitas das antigas escolas não budistas a explicam como uma entidade diferente dos agregados. Dizem que o corpo muda.

E o "eu" é permanente, uma espécie de singularidade. Os budistas não aceitam este "eu". Nós o chamamos de *atman*, e a própria palavra "*atman*" significa algo sólido e independente. É óbvio que quando nossa mente se modifica o "eu" se modifica automaticamente. Quando sentimos alguma dor, podemos dizer "eu estou doente" ou "eu estou com uma dor". Esse não é o "eu", mas podemos nos expressar através dele.

Trata-se do mesmo "eu" que nos direciona de determinada forma?

SS: Este agente é a consciência. *Abhidharmasamuccaya*, um texto escrito por Asanga, trata de seis tipos de fatores mentais. Por exemplo, existem cinco tipos conhecidos como fatores mentais onipresentes, que acompanham todas as mentes primárias: *sentimento, reconhecimento, intenção, aplicação da mente a determinado objeto (atenção decisiva)* e *contato*.

Depois há a plena atenção, a aspiração, a concentração de ponto único e a sabedoria. A concentração de ponto único não é a mesma coisa a que nos referimos quando falamos sobre a meditação *samatha*. Cada estado mental tem um aspecto que fixa a mente no objeto. As mentes possuem um fator que analisa o objeto – que é o fator da sabedoria. A meditação, ou *samadhi*, é a tranquilidade mental, e a percepção especial é a prática da sabedoria.

Tentamos desenvolver estes dois fatores da mente – o fator de concentração e o fator de sabedoria. Existe uma semente nisto, a semente de Buda. Quando não há semente, nada pode ser produzido, mas a base está presente. A sabedoria – o profundo *samadhi*, ou concentração – é possível porque existe o potencial.

Muitos diferentes tipos de consciência foram explicados. Em um dos textos budistas birmaneses, são enumerados cerca de 200 fatores mentais. Embora o "eu" seja apenas um rótulo atribuído à combinação de mente e corpo, identificamos nossa individualidade com a consciência, devido à nossa inata consciência mental.

Segundo outros tipos de consciência budista, conceitos como "minha consciência" são contraditórios. Mesmo quando falamos sobre a individualidade convencional, ou "eu", existem diversos tipos. Por exemplo: quando dizemos "quando eu era criança", sentimos este "eu" como uma generalidade – um "eu" que permeia todo o tempo desde a infância até hoje.

Quando dizemos "naquela época eu era muito travesso, mas agora melhorei", estamos confinando a individualidade a determinado período de tempo, um tempo que já passou.

Da mesma forma, podemos propor muitos tipos de individualidade, ou "eu". Segundo as mais elevadas escolas budistas de pensamento, o "eu" é apenas um rótulo dado aos agregados do corpo.

Vossa Santidade, que natureza da mente, ou identidade pessoal, é retida no nirvana?

SS: Isso é muito difícil de explicar. Depois de termos purgado todos os pensamentos negativos, tornamo-nos um ser que de fato purificou sua mente básica. Como este ser está completamente purificado, nós o chamamos de Buda, ou "o purificado". Este ser purificado ainda existe. Mas não há uma coisa sólida, ou "eu", que possamos sentir... Trata-se de um estado de não pensamento. Depois que alcançamos a onisciência, o pensamento conceitual deixa de existir.

Vossa Santidade, a abordagem budista para a espiritualidade é também "racional"; usa o raciocínio lógico e acompanha investigações e experiências, principalmente ao lidar com a "mente". Por favor, comente isto.

SS: Meus diálogos com os cientistas tornaram bem claro, para mim, que a área científica – em especial a cosmologia, a neurobiologia, a física de partículas subatômicas e a psicologia – parece bastante envolvida com o pensamento ou a filosofia budista. Seria útil explicar como essas quatro áreas científicas estão conectadas com os ensinamentos budistas, ou são relevantes para eles.

Mesmo dentro de seus próprios preceitos, principalmente quando lidava com discípulos com disposições mentais diferentes, Buda adotava diferentes métodos de ensino. Do ponto de vista literal, alguns desses ensinamentos não se ajustam à realidade. Buda declarou que seus seguidores não deveriam aceitar suas palavras movidos pela fé, mas através de investigações e experimentos.

O pedido de Buda para que suas palavras não fossem aceitas cegamente, sem nenhuma investigação ou nenhum teste, dá-nos a liberdade de examinar suas palavras. Neste contexto, o conceito de quatro confianças, estabelecido por ele, é bastante significativo.

Segundo este conceito, é mais importante examinar a autoridade dos ensinamentos do que aceitar a autoridade do professor ou da pessoa que ministra os ensinamentos. Com respeito aos ensinamentos, é mais importante prestar atenção ao significado do que às palavras. Com respeito ao significado, devemos dar mais importância ao significado definitivo do que ao significado convencional ou interpretativo. E finalmente, com relação ao significado definitivo, é mais importante confiar na mais profunda compreensão da sabedoria do que no entendimento convencional da mente.

No budismo – sobretudo nos ensinamentos maaianas – é extremamente importante encontrar e entender as razões das palavras de Buda, mais do que aceitá-las. Os autênticos seguidores ou discípulos do budismo são aqueles com afiadas faculdades mentais, que não aceitam os ensinamentos de Buda simplesmente porque Buda os ensinou. Em vez disso, examinam seu profundo significado usando o raciocínio lógico, determinando assim a validade dos ensinamentos – que só serão aceitos depois de validados.

Os alicerces do budismo repousam sobre as Quatro Verdades Nobres. E se baseiam na lei da causalidade – ou seja, as mudanças ocorrem quando existem causas e condições para isto. As Quatro Verdades Nobres são o sofrimento, as causas do sofrimento, a cessação do sofrimento e os meios e métodos para superar o sofrimento. O pensamento científico desempenha um importante papel no budismo.

Os métodos científicos e as abordagens budistas, de modo geral, seguem um padrão semelhante. A Primeira Verdade Nobre é o verdadeiro sofrimento. Quando explicamos o sofrimento e os três reinos que envolve, descobrimos ligações com a cosmologia científica. Segundo um texto budista, o mundo é plano. Mas, de acordo com a ciência moderna, é óbvio que ele é redondo. Como podemos ver e medir, temos a liberdade de rejeitar a proposição de que o mundo é plano, usando a razão e a experiência.

A explicação budista a respeito de como o mundo foi formado, com a utilização dos cinco elementos, também tem conexões com a cosmologia. Em primeiro lugar, havia um espaço vazio, ou ar, com uma espécie de energia sutil. Através dessa energia, o calor se desenvolveu; e através do calor emergiu um tipo de líquido. Finalmente, desse líquido, surgiu a matéria sólida. A crença de que a matéria sólida acabará dando lugar ao espaço e a teoria cosmológica de um Universo ilimitado são semelhantes.

A Segunda Verdade Nobre – as causas do sofrimento – é explicada através da teoria do carma, ou ações, sobretudo no contexto das experiências humanas da felicidade e do sofrimento, da dor e do prazer, estreitamente relacionadas à motivação. A psicologia está envolvida nesta área, assim como na Quarta Verdade Nobre – ou seja, como superar a ignorância, ou emoções negativas. Através das emoções positivas, é possível eliminar ou reduzir o sofrimento.

No campo das emoções negativas, a psicologia moderna é relevante. Na conexão entre o cérebro e a mente, a neurobiologia é relevante. Existem muitas interpretações para a Terceira Verdade Nobre – a cessação do sofrimento –, que são profundas e sutis. A Terceira Verdade Nobre está ligada à ideia de vacuidade. A física moderna, principalmente a teoria quântica, está relacionada com este assunto em alguns aspectos.

Não se trata apenas de meu interesse pessoal. Toda a estrutura budista, se examinada de modo adequado, gera automaticamente uma abordagem científica.

CAPÍTULO 16

POLÍTICA DE CONFLITOS E RELIGIÃO

Vossa Santidade se considera mais um político ou um líder religioso?

SS: Sempre me considerei um simples monge budista. Creio que minha verdadeira natureza está mais próxima de uma pessoa que pratica o aperfeiçoamento espiritual. Desde que nasci, nunca acreditei que tivesse as qualidades inerentes a um líder. Não acho que tenha! Na política moderna, principalmente, sinto que há polidez demais, muita mesmo. Às vezes me sinto muito entediado. Adoro me divertir e falar de maneira direta e amigável.

Como mestre espiritual, que também enverga o manto de um político, qual seria o relacionamento ideal entre as duas metades – o que funciona melhor?

SS: A liberdade dos tibetanos está estreitamente ligada ao darma budista. Assim, considero meu envolvimento com a luta pela liberdade parte de minha prática espiritual, pois ele beneficia um grande número de pessoas. Do ponto de vista do budismo, esta luta não é obra de uma vida, mas da vida além desta que vivemos.

De fato, agora está bem claro que a liberdade tibetana não significa apenas liberdade política, mas também liberdade para a prática espiritual, para os estudos e ensinamentos espirituais. Assim, sempre digo aos meus amigos budistas do Ocidente: "Vocês têm um bom conhecimento do darma budista e o praticam com muita sinceridade. Mas sem o Tibete vocês não conseguirão praticar o darma budista completo, que tradicionalmente mantivemos. Isso é trabalho para uma ou duas gerações, pelo menos." Espero que as coisas mudem depois de algumas gerações. Portanto, a questão da existência de uma forma completa de darma budista neste planeta depende da liberdade tibetana.

Sempre acreditei que precisamos de uma atitude religiosa pluralista. Isto é essencial. Dentro do meu envolvimento na luta pela liberdade nacional, tenho promovido a ideia de pluralismo, de uma atitude pluralista no que se refere à religião. Muitos milhares de muçulmanos e 100 mil cristãos vivem no Tibete há três ou quatro séculos. Acredito que o espírito de harmonia, baseado na compreensão e no respeito mútuo, está tomando uma forma correta.

Como Vossa Santidade encara a quantidade de conflitos e guerras em nome da religião?

SS: Com tristeza. Acho que isso cria uma impressão negativa de todas as religiões do mundo. Mas acredito que mesmo nesta era moderna, a era da tecnologia, os valores e as tradições religiosas ainda estão presentes. Percebo também que esses valores e tradições têm permanecido intactos. De fato, creio que, quanto maior o progresso material, mais evidentes se tornam as limitações dos valores materialistas. Nessas circunstâncias, o valor da espiritualidade irá se tornar mais claro, mais significativo.

Portanto, todos podemos nos beneficiar das mensagens e técnicas úteis das diversas tradições religiosas. Dito isto, devo reiterar que matar uns aos outros em nome da religião é uma coisa muito triste.

Muita gente hoje culpa a politização da religião pela violência e intolerância desmedidas que campeiam no mundo, e questionam se a política deveria se misturar com a religião. O senhor compartilha esta opinião?

SS: Acredito que existe uma diferença. As instituições políticas e as instituições religiosas devem ser separadas; é mais seguro se estiverem separadas. No entanto, a combinação do trabalho religioso com o trabalho temporal pode acontecer.

Pela minha própria experiência em lidar com encargos oficiais, vejo onde as pessoas podem ser prejudicadas ou ajudadas, e sei que devo ser cuidadoso e fazer o que for correto segundo o darma. Uma crença religiosa ajuda muito a manter a honestidade. Além disso, a experiência que obtenho em assuntos práticos me beneficia em termos religiosos. Não sei como serão as coisas no futuro, mas, por enquanto, a dupla responsabilidade me tem sido muito útil.

Tempos atrás, eu estava em um seminário na Índia. Ouvi políticos dizendo: "Nós somos políticos; não somos religiosos." Alguns diziam isto com humildade, outros estavam se mostrando.

Eu disse de brincadeira: "Os políticos deveriam ser religiosos, pois o que está em suas mentes irá influenciar as pessoas a quem servem. Por outro lado, se as pessoas religiosas permanecerem isoladas nas montanhas e suas mentes se corromperem, isto não terá importância, pois não afetará o público."

Se as ideias corretas forem seguidas, até mesmo a guerra será menos destrutiva. É como os cinco dedos da mão. Cada um pode ter uma capacidade e uma função especial, mas, sem a palma, são inúteis. Da mesma forma, cada atividade humana, como a religião, a ciência, a economia e a educação, praticada com afeição e motivação sincera, pode ser positiva. Isso inclui a política.

Afinal de contas, o que é a política? A política não consiste necessariamente em trapaças e intimidações. Pelo contrário, creio que a política tem um significado preciso. É mais uma atividade humana, mais um instrumento, para servir à sociedade, à comunidade ou ao país.

Não existe nada de errado na política em si, mas ela depende das motivações e do comportamento daqueles que nela estão envolvidos. Até mesmo na religião, se as motivações não forem legítimas, o trabalho religioso se torna sujo. Por outro lado, quando o indivíduo envolvido com a política age com uma motivação sincera, isto se torna uma prática espiritual. Portanto, do meu ponto de vista, todas as ações humanas conduzidas com motivações honestas e sinceras podem ser consideradas atividades espirituais.

Quando o darma se transforma em um modo de vida, o indivíduo trabalha em benefício dos outros, esteja ele envolvido com política, religião ou seja lá o que for.

Mas, se as religiões coexistirem no mesmo espaço, Vossa Santidade acredita que o risco de comunalismo se acentua? E o que significa ser verdadeiramente secular?

SS: A religião tem de ser explicada com base no tipo de motivação do indivíduo. Sob este ponto de vista, podemos ver os benefícios da religião em muitos aspectos da sociedade humana.

Se a política for conduzida por pessoas religiosas, talvez se torne mais saudável. Caso este seja o contexto, não há problema, a política e a religião podem ser combinadas. Mas alguém que atue na política e ao mesmo tempo sirva a uma instituição religiosa (não uma religião, mas uma instituição) pode criar um impacto negativo.

Como monge budista, creio que a coisa mais importante é a motivação, a motivação sincera. O indivíduo tem de pensar no interesse comum em vez de em seu próprio interesse. O certo é pensar no benefício da maioria. Este é o modo correto de se pensar.

Nós somos animais sociais. Nosso futuro e nossa prosperidade dependem de outros seres humanos. A moderna economia e a globalização demonstram que tudo é interdependente. Assim, os próprios conceitos de "nós" e "eles" já não têm significado.

A humanidade inteira, o mundo inteiro é uma parte de você. Acho que essa é a realidade.

Um senso de preocupação com os outros deveria existir sempre. Esta é a maneira correta de pensarmos sobre a natureza da humanidade e a natureza do mundo – a motivação principal. Com ela você pode ensinar religião, atuar na política, efetuar pesquisas científicas, operar na economia. Todas as atividades humanas deveriam ser governadas por esse tipo de motivação. Somente assim a ação humana poderá ser positiva.

Há muita preocupação na Índia com a infindável violência na Caxemira e com o futuro das relações entre a Índia e o Paquistão. Em termos globais, existem conflitos na Bósnia, no Líbano, no Oriente Médio e assim por diante. Onde Vossa Santidade acha que estão as soluções para conflitos dessa natureza?

SS: Muito difícil! Não tenho uma resposta clara. Eu me preocupo, é claro, com o sofrimento dos indivíduos envolvidos nos conflitos da Bósnia, do leste da África e da Caxemira; são coisas terríveis. O problema da Caxemira indiana também me deixa triste.

Eu cheguei à Índia, como refugiado, em 1959. Quando reflito sobre as experiências daquela época, percebo que havia uma paz genuína no país – a tradição ainsa* ainda estava muito viva. Agora, às vezes brinco com meus amigos indianos: "Ao longo dos séculos, vocês produziram e mantiveram a filosofia ainsa. Depois vocês exportaram estes valores, e o excesso de exportações diminuiu a quantidade de ainsa no próprio país de vocês."

Estou muito preocupado com o que está acontecendo aqui. Todos nós temos planos e soluções a longo prazo. Os métodos de curto prazo podem às vezes não parecer aceitáveis, mas precisam ser tolerados por seus benefícios a longo prazo. Só acho muito triste que, após séculos de filosofia ainsa, tenhamos degenerado. Isto é muito triste.

---

* Trata-se de um conceito oriental de virtude que consiste na abdicação da violência através da supressão de todo comportamento que resulte em ofensa, dano ou morte para qualquer ser vivo. (N. do T.)

CAPÍTULO 17

RESPONSABILIDADE UNIVERSAL

A filosofia da responsabilidade universal promovida por Vossa Santidade contribuiu decisivamente para o diálogo secular e foi até endossada pelo comitê do Nobel. Poderia explicar esta filosofia para nós?

SS: Nos tempos antigos, alguns ensinamentos religiosos diziam que devemos desenvolver o altruísmo, ou praticá-lo, por uma questão de virtude ou ética. Atualmente, sinto que as circunstâncias são inteiramente diferentes, pois o mundo – devido à tecnologia e também à população – ficou muito menor. Alguns eventos que ocorrem de um lado do mundo têm repercussões no outro lado. Dependemos profundamente uns dos outros. O altruísmo, hoje em dia, é uma necessidade prática.

Na área econômica e ambiental, da mesma forma, os países dependem profundamente uns dos outros. Os conceitos de "nós" e "eles" estão fora de moda. Deveríamos encarar o mundo inteiro como "nós". No entanto, a verdade é que, devido à falta de percepção e meditação analítica, isto não aconteceu. Ainda acreditamos na separação. Sinto que muitos problemas ocorrem por causa dessa estreiteza mental, dessa falta de visão.

Por exemplo, estamos enfrentando um sério e globalizado problema ecológico; não importa quão poderosas sejam uma ou duas nações, a questão não será resolvida sem um esforço conjunto ou uma posição comum. Na moderna economia, não existem fronteiras nacionais. E em algumas áreas, como saúde ou educação, já está havendo uma unificação.

Meus próprios interesses, meu próprio futuro e o futuro do meu país estão relacionados com outras pessoas. Mas o pensamento humano ainda está preocupado com "meu" país, "minha" nacionalidade, "nossas" fronteiras nacionais. A realidade mudou, mas nossos conceitos não a acompanharam. Não estão nem mesmo próximos à realidade, o que é uma fonte de problemas.

Obviamente, para os 6 bilhões de membros da humanidade, este pequeno planeta é nossa única esperança; todos temos a responsabilidade de cuidar dele como um todo. Creio que estamos precisando de um sentido "global", um sentido de "responsabilidade universal". Quando isto for estabelecido, nossas atitudes diante de problemas menores – econômicos, religiosos ou culturais – serão tomadas com mais facilidade. Eu advogo a prática e a implementação desse estado de espírito.

A solução é que devemos acompanhar a realidade. A responsabilidade humana tem de se desenvolver, mudar e encarar a realidade. Precisamos de um sentido de responsabilidade global, um sentido de responsabilidade universal. Com isto, poderemos resolver os problemas criados pelo homem, ou pelo menos minimizá-los.

A lógica é muito simples! Como você vê, meus interesses dependem muito dos interesses dos outros. Se eu não cuidar dos interesses dos outros, não irei me beneficiar. Caso os ignore, acabarei perdendo muito e irei sofrer. Se cuidarmos mais dos direitos e interesses dos outros, todos nos beneficiaremos em última instância.

Por quê?

SS: Muito simples! Existem hoje cerca de 6,7 bilhões de seres humanos no planeta. A maioria deles não professa nenhuma crença religiosa. As pessoas, é claro, dizem: "Eu pertenço, ou minha família pertence, a esta ou aquela tradição", mas na vida cotidiana não praticam nenhuma crença. Entretanto, constituem a maioria da humanidade, e a maioria é uma parte muito importante.

Quando uma criança nasce no seio de uma família religiosa, nasce sem nenhuma crença. Mesmo quando seus pais praticam rituais religiosos, a criança não tem nenhum sentimento a respeito dessas ações. A mente da criança é livre de qualquer crença. Mas a criança sobrevive graças à afeição e à preocupação de seus pais. O contato físico com a mãe, o ato de mamar – eis o que a criança aprecia. Sem esta afeição, ela não sobreviveria. Portanto, desde o nascimento, os seres humanos não podem dispensar a afeição.

Então esta é a base da sua espiritualidade secular?

SS: Correto. Acredito que a natureza humana básica é gentil. Trata-se de uma gentileza baseada nesse tipo de afeição. Se nossas mentes permanecerem tranquilas, compassivas e receptivas, nós permaneceremos saudáveis. Se houver frustração, cólera, agitação e ódio, essas coisas afetarão a mente e acabarão drenando nossa saúde.

Isto decorre da própria natureza do corpo, que é compatível com a mente pacífica, a mente compassiva, mas não com a mente agitada. Uma natureza gentil e afetuosa nos faz trabalhar muito melhor. Acredito que esta natureza seja a essência de todos os seres humanos. Nós a vivenciamos desde o berço. Mas, à medida que crescemos, começamos a enfatizar mais o cérebro e o lado intelectual de nossa natureza, negligenciando nossas qualidades humanas básicas. Consequentemente, o cérebro sufoca nossa natureza boa. Acredito que esta seja a razão de estarmos enfrentando tantos problemas no mundo.

Durante o século XX, adotamos diversos procedimentos que se baseiam predominantemente no uso de máquinas – e as limitações desses procedimentos estão aparecendo. Chegou a hora de retornarmos às nossas qualidades humanas básicas, à nossa natureza humana básica. Devemos continuar a promover o lado intelectual de nossa natureza, mas as virtudes humanas também devem ser ressaltadas. Temos de fazer um esforço para compreender que o cérebro e o coração humanos precisam atuar em equilíbrio. Essa é a minha ética secular.

O conceito de seres sencientes é fundamental para o budismo. Vossa Santidade o trouxe para o plano internacional, sugerindo que todos os seres sencientes têm direitos. Poderia explicar melhor?

SS: Sinto que, se cuidarmos bem deste planeta, estaremos cuidando bem de nosso próprio futuro. Este planeta é a nossa casa. Apesar disso, os cientistas sonham em explorar outros planetas, como Marte, e construir habitações neles. Isso pode ser possível, é claro; mas no final das contas este planeta azul é nossa única casa. Temos de tomar algumas medidas para protegê-lo, protegendo também todas as criaturas que vivem nele.

É errado explorar qualquer parte do meio ambiente apenas para ganhar dinheiro, sem levar em consideração sua beleza natural e seu equilíbrio. Trata-se de uma atitude insensata e míope, que a longo prazo acarreta destruições. Temos de reconhecer a "vida" que existe em todos os seres sencientes e nos une a eles. Temos de desenvolver por todos os aspectos de nosso meio ambiente a mesma consideração que dedicamos às nossas famílias.

Se desconsiderarmos as necessidades e os sentimentos desses seres sencientes, nossas mentes também sofrerão influências negativas com relação aos outros seres humanos. Passaremos a vê-los como indivíduos fracos e sem valor, que não merecem nenhum respeito. Toda vida é sagrada! Gradualmente, poderemos melhorar as coisas. Sinto que a compaixão e o respeito por todas as formas de vida constituem a base de um autêntico sentido de compaixão e respeito por toda a humanidade.

Vossa Santidade sugeriria que a Declaração Universal dos Direitos Humanos fosse refeita, de modo a incluir os direitos do meio ambiente e os direitos dos seres sencientes?

SS: Creio que chegou a hora de nos esforçarmos para desenvolver esse tipo de atitude. Um passo assim faz-se muito necessário. A questão ambiental é importante. Os habitantes deste planeta podem ver agora as consequências dos descuidos e abusos praticados contra o meio ambiente. Cientistas estão descobrindo os efeitos da poluição sobre o leite materno e, consequentemente, sobre as novas gerações. Cientistas também estão reconhecendo que os efeitos de nossos abusos contra o planeta e contra o meio ambiente não são restritos aos seres humanos.

Devemos desenvolver a virtude da compaixão por tudo – pela humanidade como um todo, pelo ambiente, pelo próximo e por nós mesmos. É uma vergonha que muitas pessoas vejam a prática da compaixão como algo irrelevante em nossas vidas cotidianas.

As conversas a seguir foram gravadas em março e abril de 2008, durante e pouco depois dos protestos que ocorreram no Tibete – os maiores desde 1959 – e em diversas cidades ao redor do mundo. Nesse período, a Tocha Olímpica estava viajando através de cinco continentes em direção a Beijing, sede dos Jogos Olímpicos daquele ano. A questão tibetana ocupou lugar de relevo no noticiário internacional e na consciência do mundo livre.

Estas conversas ocorreram antes da morte do irmão do Dalai Lama, Taktser Rinpoche, em setembro de 2008.

CAPÍTULO 18

A QUESTÃO TIBETANA

Vossa Santidade sente raiva ou mágoa diante dos desdobramentos da situação no Tibete?

SS: Às vezes algum pensamento de raiva penetra em minha mente. Mas geralmente eu não sinto raiva, um sentimento que me é estranho. Trata-se do desejo de prejudicar alguém – e posso me livrar dele fácil e rapidamente. Minha prática me ajuda a superar emoções negativas e encontrar a equanimidade – o que envolve um processo de dar e receber. Eu recebo desconfiança dos chineses e lhes envio compaixão. Devo admitir que isso não tem sido muito fácil para mim nas últimas semanas.

Como Vossa Santidade lida com este período difícil?

SS: Apesar de todos os temores e todas as preocupações, estou em paz com meu subconsciente. Assim, posso desenvolver minhas tarefas normalmente. Não tenho problemas para dormir. Talvez seja porque rezo pelos chineses, por seus líderes e por aqueles que executam as matanças. Rezo para que seus véus de ignorância se ergam e eles se libertem do carma negativo, das consequências de suas ações.

O Dalai Lama chora?

SS: Eu estava com o professor Samdhong Rinpoche, o primeiro-ministro de nosso governo no exílio, quando ouvi as notícias das terríveis violências que estavam acontecendo no Tibete, infligidas pelos chineses. Ficamos com lágrimas nos olhos.

Como Vossa Santidade se sente quando os chineses o descrevem com palavras duras, e até o chamam de criminoso?

SS: Se isso os faz felizes, podem continuar. O que eu mais condeno é quando as autoridades chinesas obrigam os tibetanos que estão no Tibete a me ofender com palavras e a me denunciar por escrito.

Qual o aspecto mais perturbador da "campanha" chinesa?

SS: A propaganda e a manipulação dos órgãos de imprensa. Eles estão criando uma imagem de discriminação racial, em que os tibetanos estão contra os chineses. Isto não é verdade. Antes da década de 1950, havia chineses vivendo em Lassa, e não havia nenhum problema. Mesmo após 1959, não surgiu nenhum sentimento antichinês. Mais tarde, começaram a brotar alguns sinais de ressentimento em relação aos chineses de origem han. O que é lamentável.

Sempre que chineses me procuram, eu lhes dou boas-vindas. Muitos deles choram. São pessoas devotas e amigáveis.

Na década de 1990, o principal motivo de minha visita a Taiwan foi demonstrar que não éramos antichineses. Nós respeitamos os chineses, com sua rica herança cultural, e admiramos sua civilização. Acima de tudo, é muito importante desenvolver um espírito de fraternidade por nossos vizinhos chineses.

Quando Vossa Santidade ainda era jovem, qual foi sua primeira resposta à hostilidade e às provocações dos chineses? Foi fácil assumir uma atitude compassiva com relação aos indivíduos que a maioria de seus compatriotas via como inimigos, e pelos quais sentia ódio e raiva?

SS: Em 1950, o Exército chinês entrou no Tibete, na parte que era controlada pelo governo tibetano. Antes, embora o exército chinês já tivesse alcançado a capital oriental do Tibete, não havia nenhuma influência chinesa, nenhum escritório chinês em Lassa. Segundo registros históricos, o Tibete era uma nação independente quando o Exército chinês entrou em seu território.

Mais de 8 mil tibetanos já haviam sido mortos. Eu estava ansioso para que o Exército de Libertação do Povo Chinês fosse detido, e os governantes chineses também perceberam que seria melhor para eles se o Tibete fosse "libertado pacificamente". Em 1954, fui à China, como membro da delegação tibetana que compareceu a uma convenção do Partido Comunista Chinês. Durante aquele período, tive diversos encontros com o secretário-geral Mao, que foi um grande revolucionário. Naquela época, desenvolvi verdadeiro respeito por ele. Eu o admirava e dele recebi muitos conselhos úteis.

Que conselhos Vossa Santidade recebeu dele?

SS: Ele disse que o Partido Comunista Chinês era como um peixe. Um peixe não pode sobreviver sem água. Da mesma forma, o Partido Comunista não poderia sobreviver sem críticas.

Em outra ocasião, ele me perguntou se existia ou não uma bandeira tibetana. Um pouco hesitante, respondi que sim. Ele me disse que a bandeira tibetana deveria ser sempre içada ao lado da bandeira chinesa. O secretário Mao disse também que, nos tempos antigos, o Tibete era uma grande nação, mas que nós tínhamos nos tornado muito fracos. Segundo ele, poderíamos nos desenvolver no espaço de vinte anos, e depois seria nossa vez de ajudar os chineses.

Ele também me disse que enviaria dois generais ao Tibete para me ajudar. Caso os generais não atendessem adequadamente aos meus desejos, bastaria informá-lo que ele os removeria.

Cheguei a mencionar a alguns oficiais chineses que gostaria de ingressar no Partido Comunista Chinês. Já havia alguns tibetanos que tinham se juntado ao partido. Mais tarde, um dos meus velhos amigos comunistas me disse que, naquela época, a liderança chinesa realmente acreditava que, com a ajuda dos chineses, os tibetanos poderiam construir um Tibete moderno.

Quando eu estava retornando a Lassa, em 1955, encontrei-me com um general que vinha do Tibete pela mesma estrada. Eu conhecia o general e lhe disse que, no ano anterior, quando eu estava indo a Beijing por aquela estrada, sentia-me desconfiado e temeroso; mas agora estava feliz e surpreso com o fato de que, após quase um ano, eu retornava ao meu país cheio de confiança nos chineses. Mas logo depois, como resultado da contínua opressão chinesa, muitos comunistas tibetanos, principalmente os que viviam em áreas remotas do

Tibete, expressaram seu ressentimento e desgosto com os atos dos chineses. Foram então destituídos de seus postos. Muitos deles foram presos e torturados. Fiquei muito decepcionado.

Em 1956, vim à Índia para participar de uma conferência, que contaria com a presença do primeiro-ministro indiano, Pandit Nehru – com quem eu já me encontrara diversas vezes –, e do primeiro-ministro chinês. O primeiro-ministro chinês nos disse que não considerava o Tibete mais uma província chinesa, e sim um caso especial.

Considerando os temores de Vossa Santidade, o que o levou a retornar?

SS: As reformas pouco realistas que ocorreram na China provocaram levantes no país, que também se estenderam ao Tibete. O secretário Mao havia prometido adiar por seis anos as reformas no Tibete. Naquela época, conversei com Pandit Nehru sobre a conveniência ou não de permanecer na Índia. Nehruji idealizou o acordo de sete pontos e me aconselhou a retornar ao Tibete e lutar. Ouvi seu conselho e regressei em fevereiro de 1957. Tentei de tudo para seguir os conselhos de Pandit Nehru e de outros combatentes pela liberdade.

Mas a situação piorou. Fiz o que pude para acalmar as coisas, mas ambos os lados estavam igualmente determinados. Em março de 1959, uma multidão de tibetanos começou a se aglomerar em Lassa, proveniente dos vilarejos. Muitos deles temiam pela minha vida. A situação se agravou a partir de 10 de março, pois a facção chinesa estava decidida a esmagar o povo tibetano.

Supliquei aos tibetanos que retornassem aos seus vilarejos, dizendo que, se o fizessem, alguns representantes poderiam ficar em Lassa. A quantidade de recém-chegados estava deixando os chineses nervosos e desconfiados. A facção tibetana estava determinada a permanecer na capital para defendê-la. Eu me encontrava entre ambas as facções. Temendo um banho de sangue em Lassa, e pensando que poderia ser mais útil à causa tibetana deixando o país até que a situação se acalmasse, fugi para a Índia. Acabei me tornando um refugiado.

Faça para nós um pequeno resumo de suas recentes negociações políticas com a China.

SS: No final dos anos 1970 e início dos anos 1980, os chineses enviaram mensagens ao meu irmão mais velho, que estava em Hong Kong, sugerindo um encontro em Beijing.

Vi isto como uma indicação positiva e comuniquei a ele nossa decisão de buscar a autonomia para toda a população tibetana. Uma reunião de duas horas foi realizada com a presença de Tang Jiaxuan, que estava disposto a discutir qualquer assunto, com exceção da independência. A reunião foi um sucesso. Como resultado, quatro ou cinco delegações chinesas visitaram o Tibete em 1979 e 1980, com o propósito de coligir informações. Hoya Ma visitou Hazra em 1980 e reconheceu publicamente as destruições infligidas pelos chineses, pedindo desculpas pelos erros cometidos no passado. A situação, na época, tomou um rumo verdadeiramente positivo, e as coisas pareciam muito bem encaminhadas.

Os cinco dirigentes chineses mais importantes daquele período nos enviaram uma proposta de cinco itens, segundo a qual um funcionário viria me visitar em Déli para me restituir todos os meus privilégios anteriores a 1959. O Dalai Lama deveria permanecer em Beijing e poderia ocasionalmente visitar o Tibete. Rejeitei a proposta na hora, declarando que a questão principal eram os direitos básicos dos 6 milhões de tibetanos. A menos que isto entrasse em pauta, discutir meu retorno seria irrelevante.

O que o levou a concordar em enviar suas primeiras delegações ao Tibete, na década de 1980?

SS: Em 1983, mais uma vez, expressei meu desejo público de visitar o Tibete. Em 1984, decidi enviar uma delegação ao país, para organizar os preparativos necessários, pois não queria que minha visita provocasse tumultos. Lembro-me de que, quando a primeira delegação chegou a Lassa, toda a população da área acorreu para lhe dar boas-vindas. Mesmo os que tinham posado de grandes revolucionários durante a Revolução Cultural estavam entre os primeiros a saudar a delegação.

Assim, em 1984, pedimos a permissão dos chineses para enviar uma delegação ao Tibete para fazer os preparativos para minha visita. Mas os chineses acharam difícil concordar com a proposta. Houve alguns contatos formais com os chineses até 1993, quando todos os contatos foram interrompidos.

O que aconteceu então?

SS: Nós não tivemos outros contatos formais com eles até 2002. De lá para cá, tivemos seis rodadas de negociações.

Na terceira, eles nos mostraram uma lista com 36 acusações. Na quarta, rebatemos todas ponto a ponto, pois a maioria delas não tinha fundamento. Mas o trabalho se revelou bastante proveitoso para nós, pois nos proporcionou uma compreensão melhor de como os chineses nos viam e quais eram seus temores – basicamente, eram de que estávamos tentando nos tornar independentes da China por meios indiretos.

Vossa Santidade conseguiu convencê-los de que isto não era verdade?

SS: Na quinta rodada, em fevereiro de 2006, a delegação chinesa reconheceu que não estávamos buscando a independência. Vimos o fato como um grande progresso em nossos esforços para conquistar sua confiança. Eles também declararam que, considerando a história, as diferenças de opinião entre ambos os lados eram muitas. Entretanto, em abril/maio de 2006, eles intensificaram a propaganda de que estávamos encorajando os separatistas no Tibete. Foi uma campanha deliberada.

Creio que o secretário do Partido Comunista Chinês na Região Autônoma do Tibete disse que o que separa o Tibete da China é o budismo tibetano, a cultura tibetana. Portanto, falando por mim mesmo, se aqueles que detêm realmente o poder têm esse tipo de opinião, então, obviamente, não se pode esperar que queiram proteger e preservar o budismo, a cultura e o meio ambiente tibetanos.

Que tipo de ajuda Vossa Santidade espera dos outros países?

SS: Fiz um apelo especial em nome dos 6 milhões de tibetanos que vivem no Tibete, principalmente aqueles que residem em áreas rurais completamente isoladas. Quero informar à comunidade mundial que a nação tibetana constitui uma herança cultural única que corre o risco de extinção. O Tibete é uma nação antiga. Por favor, ajudem a preservá-la.

Eu descrevo a situação como uma espécie de genocídio cultural, seja intencional ou não. Por exemplo, os chineses criaram restrições intencionais aos estudos nos mosteiros tibetanos. A cultura tibetana é baseada no budismo, portanto essas instituições são muitíssimo importantes para a preservação da cultura tibetana. Criar restrições ao funcionamento delas é na verdade uma forma de genocídio.

Com o aumento da população chinesa em Lassa, por exemplo, onde já ultrapassou a casa dos 200 mil, os tibetanos estão se tornando uma minoria. Assim, se dois terços da população nas cidades tibetanas forem constituídos por chineses, todos terão de falar chinês para poder trabalhar e fazer compras. A população chinesa no Tibete está aumentando mês a mês. Portanto, a agressão demográfica é muito séria.

Tenho notado que os tibetanos nascidos fora do Tibete estão mais aptos a preservar a herança cultural tibetana do que os que vivem no país. Estes estão se tornando irritadiços; embora ainda possuam um forte espírito tibetano, alguns deles já mostram claros sinais de degeneração. Nossa herança cultural é pacífica e compassiva. Agora está se degenerando. E isso é muito, muito sério.

Ouvi falar que o desmatamento em larga escala provocou inundações sem precedentes na China. Talvez alguns funcionários do governo tenham respeito pelo meio ambiente, mas os donos de empresas privadas não se importam com as instruções governamentais e continuam a desmatar e a cavar minas. Assim, precisamos ter autonomia para preservar a herança cultural tibetana, a fé budista e o meio ambiente.

Nossos amigos – incluindo europeus, americanos e japoneses – podem contribuir para encontrar uma solução, mas é preciso haver um acordo mútuo entre chineses e tibetanos.

Vossa Santidade se opôs a que as Olimpíadas sejam realizadas na China?

SS: Quando a sede das próximas Olimpíadas foi anunciada, declarei abertamente que, como país mais populoso e antigo do mundo, a China merecia sediar os jogos. Isto deixará o povo chinês orgulhoso. Portanto, os jogos devem ser realizados lá. Como não somos antichineses, respeitamos a decisão da China de sediar os Jogos Olímpicos.

Mas devo endossar algumas críticas que muitos indivíduos, organizações não governamentais e governos têm feito sobre os antecedentes da China no que se refere aos direitos humanos e à liberdade religiosa. Esses antecedentes deixam muito a desejar. Entretanto, é importante lembrar aos líderes chineses e aos funcionários envolvidos que, para serem anfitriões respeitados, eles precisam melhorar bastante sua atuação nas áreas dos direitos humanos, da liberdade religiosa e da proteção ao meio ambiente.

Como o senhor reagiu aos protestos e à oposição sem precedentes no Tibete que ocorreram, por exemplo, em março de 2008?

SS: Entendi, é claro, a impaciência dos jovens. Estou familiarizado com seus sonhos há muitos anos e tinha esperanças de que tivessem perdido a intensidade. Os jovens não têm conceitos, só emoções.

Além da questão moral da violência, o que aconteceria se os tibetanos pegassem em armas para conquistar sua independência? Que armas? De onde viriam? E se conseguíssemos as armas, como as levaríamos até o Tibete? E quando a guerra pela independência começasse, quem viria nos ajudar?

Eu entendo os protestos – sem apoiá-los, é claro. Também dei um conselho aos organizadores da assim chamada marcha pacífica, que sairia daqui de Dharamsala e iria até a fronteira da República Popular da China. Eu disse a eles que isto poderia provocar conflitos com os guardas armados da fronteira. Mas tudo o que posso fazer é dar conselhos, não posso suprimir opiniões. Só me resta esperar que os chineses não usem a marcha como desculpa para outro banho de sangue.

Em sua opinião, o que provocou essa situação no Tibete?

SS: É evidente que os chineses precisam reconhecer finalmente que existe um problema tibetano. A esmagadora rejeição ao governo do Partido Comunista e às suas políticas já não pode ser ignorada. Beijing precisa aceitar que algo terrivelmente errado aconteceu nos últimos cinquenta anos.

Ao contrário dos distúrbios anteriores, estes atingiram Lassa, a chamada Região Autônoma do Tibete e todos os lugares. Os protestos se estenderam a todos os falantes de tibetano que estão na China, inclusive os estudantes tibetanos das universidades de Beijing. Depois de tantos anos de opressão, os tibetanos não mais confiam nos chineses.

Os chineses tentaram de tudo – opressão, tortura, reeducação política, doutrinação política, aumento da população de etnia han no Tibete –, mas tudo falhou. Até mesmo os programas para elevar o padrão de vida da população e o dinheiro investido em projetos de infraestrutura demonstraram que os tibetanos prezam sua independência cultural e espiritual acima de qualquer coisa.

Por que Vossa Santidade abandonou a causa da independência tibetana pela causa da autonomia?

SS: Os grupos étnicos tibetanos estão dispersos por todas as províncias chinesas, e não só na área designada nominalmente como região autônoma – que não tem nenhuma autonomia. Dessa forma, decidimos não discutir com os chineses a questão da independência, mas a criação, dentro da nação chinesa, de uma região autônoma que preservaria nossa língua e cultura, em vez de muitas pequenas regiões autônomas.

Assim resolvemos, em princípio, que não buscaríamos a independência, mas manteríamos o caminho do meio como nosso objetivo. A ideia foi considerada bastante razoável e aceitável pelo público, e muitos países a apoiaram. De nossa parte, ela tem sido o foco de todas as conversas.

Muitos defensores do Tibete acham que Vossa Santidade se vendeu ao adotar o caminho do meio como base de negociações. Isto deixa Vossa Santidade sem concessões a fazer para obter um acordo com os chineses.

SS: Eu respeito a nação chinesa. Acredito em um diálogo honesto e transparente, não em jogadas.

Nas províncias chinesas de Hunan, Sikang, Gansu e Sinkiang, a população tibetana está em torno de 4 milhões. A população tibetana na Região Autônoma do Tibete é de cerca de 2 milhões. Portanto, a maioria dos tibetanos está fora do Tibete. Grupos étnicos tibetanos estão espalhados em todas as províncias chinesas. Assim, em vez de várias regiões autônomas, por que não ter uma só?

Tentei raciocinar com esses grupos dando-lhes duas opções: a primeira, um Tibete independente, definido geograficamente nos limites da atual Região Autônoma do Tibete, o que excluiria muitos tibetanos; ou um Grande Tibete (incluindo o lugar onde nasci), que seria unido e autônomo, com total garantia de preservação de nossa identidade, cultura e língua. Alguns tibetanos sensatos escolheram a segunda opção. Uma região autônoma realmente vale a pena.

Veja bem, o lugar onde nasci está agora sob administração chinesa. Portanto, até eu sou legalmente chinês. Para os chineses, sou o demônio; para alguns tibetanos, estou vendendo os direitos dos tibetanos.

Já que a "autonomia" é o que melhor reflete o comprometimento de Vossa Santidade com o caminho do meio, como convencer a todos de seus méritos políticos?

SS: A autonomia para o Tibete oferece as melhores soluções. Minha abordagem não é a separação, mas a permanência dentro da República Popular da China, com proteção total para nossa herança cultural única, nossa língua e nosso frágil meio ambiente.

A permanência dentro da China atende aos nossos melhores interesses. Avanços espirituais não enchem nosso estômago; precisamos também de desenvolvimento. Mas a permanência do Tibete na China só nos será benéfica se tivermos autoridade significativa e total proteção para nossas necessidades especiais.

Os tibetanos têm de ter o poder de decidir sobre todos os assuntos relativos à cultura, à religião e ao meio ambiente. Isto não significa ser um Estado independente. Diante das leis internacionais, este novo Tibete ainda seria parte da República Popular da China, que ficaria responsável por sua segurança e política externa. Se Beijing concordar com este modelo, posso garantir que nunca mais teremos crises e distúrbios como os que estamos tendo agora.

Existe algum risco nessa opção?

SS: Existe o risco de que os líderes chineses se convençam de que não têm mais nenhuma chance de pacificar o Tibete e de que perderam para sempre a lealdade dos tibetanos. Ao mesmo tempo, os chineses querem controlar completamente um país com muita riqueza em recursos naturais. Neste caso, eles irão oprimir nosso povo de forma até mais brutal, até transformá-lo em uma insignificante minoria em sua própria terra. Esta última opção significa um Tibete para os chineses de etnia han. Seria o fim de todos os diálogos conosco e de todas as nossas tentativas de estabelecer uma relação de confiança.

Mas muitos tibetanos criticam seu caminho do meio e talvez até se oponham a ele...

SS: Pandit Jawaharlal Nehru costumava me dizer que o Estado é para o povo e pelo povo. Eu sempre sustentei esta opinião. Em 1993, nosso contato com os chineses foi interrompido. Consultei então a comunidade tibetana para saber sua opinião. Desde 2001, temos um Parlamento eleito. Assim, a decisão final está nas mãos dessas pessoas. Estou atuando como consultor sênior.

Mas muitas pessoas criticam meu caminho do meio, inclusive meu irmão mais velho, que diz que seu querido irmão mais novo, o Dalai Lama, vendeu os direitos dos tibetanos. Eu o respeito como irmão mais velho, mas sua visão política é diferente da minha. Mesmo entre meus defensores existem alguns indivíduos que criticam nossa abordagem; estão sempre falando de independência – é compreensível que estejam preocupados com o Tibete. Meu compromisso é com o caminho do meio. Se a abordagem do Dalai Lama falhar, o sentimento de frustração irá aumentar.

Infelizmente, os líderes chineses não entendem o que é a liberdade, nem o que é a democracia. Alguns tibetanos também não e procuram outros caminhos. Os chineses então nos acusam, perguntando por que não os controlamos. Eu digo que não podemos controlar – não *queremos* controlar – as pessoas. O princípio democrático é muito arraigado em nós.

Eu sigo Buda: Buda nunca diz "faça isso" ou "faça aquilo"; ele nos dá liberdade. Ele pede aos seus seguidores para não respeitarem seus ensinamentos apenas por devoção, mas que os testem.

Portanto, Buda, nosso verdadeiro mestre, também diz a mesma coisa.

Não seria possível que, no futuro, outras vozes tentem questionar essa abordagem e buscar a independência total?

SS: No que se refere à nossa abordagem o mundo inteiro sabe que o Dalai Lama não está buscando a independência. Somente os chineses não sabem disso.

Se essa abordagem falhar, perguntaremos às pessoas o que fazer, pois alguns de nossos defensores preferem a independência. Este é o caminho democrático. Estamos totalmente comprometidos com a democracia, mas alguns dos jovens são muito agressivos. Não posso pedir a eles que mantenham a calma, nem posso dizer que devemos fazer o que eu quero. Eles têm direito de expressar o que sentem, mas é minha responsabilidade lhes mostrar as consequências das ações que escolherem. Minha responsabilidade moral para com eles é clara. Dito isto, eles estão no seu direito quando criticam minha abordagem, entre eles meu irmão mais velho.

Há uma séria frustração no Tibete. Nos últimos anos, os tibetanos que vivem no Tibete – mesmo aqueles com um bom padrão de vida, como os que foram educados na China – têm expressado grandes frustrações. Creio que muitos tibetanos entre as idades de 30 e 40 anos, a nova geração, dizem que enquanto o Dalai Lama estiver por aqui terão de seguir meus conselhos. Mas, quando ele se for, agirão como for preciso.

Sinto-me mal quando ouço essas expressões. Assim, sempre que me encontro com eles, enfatizo que devem se concentrar na educação, na economia e no treinamento profissional. Digo-lhes que apelem às autoridades locais para que facilitem sua educação. Temos direito de pedir essas coisas.

Enquanto os chineses agiam de forma brutal no Tibete, jovens tibetanos também participaram de saques e incêndios em Lassa.

SS: Presumo que sim. Condeno isso. Fico triste ao ver meus compatriotas tibetanos agindo dessa forma – mesmo que movidos por desilusões arraigadas, desesperados por serem tratados como cidadãos de segunda classe em seu próprio país. Mas isto não é desculpa para a violência.

Eu propus uma investigação internacional para apurar os acontecimentos no Tibete, a ser realizada por uma instituição reconhecida e independente. Mas uma coisa é certa: os que sofreram a brutalidade da polícia e dos soldados foram, em sua maior parte, tibetanos inocentes. Deploramos todas as vidas perdidas, sejam chinesas ou tibetanas. Mas ainda não temos um quadro completo e detalhado do que ocorreu e ainda está ocorrendo no Tibete.

Há muitas distorções – ouvimos que 500 soldados chineses rasparam as cabeças e se vestiram de monges para provocar distúrbios. Acredito que possam ter ocorrido atos gerados por fortes emoções, mas os tibetanos são pessoas genuinamente pacíficas e não violentas.

Vossa Santidade tem esperanças de uma solução através de conversas com a China?

SS: Conversar apenas por conversar não faz sentido. Estou interessado apenas em discussões sérias, que cheguem à raiz dos problemas. Estas serão muito bem-vindas, sem nenhuma condição prévia. Mas deverão ser conduzidas de um modo que seja transparente para o mundo exterior – chega de conversas secretas atrás de portas fechadas. As pressões internacionais sobre Beijing surtiram efeito até certo ponto. Precisamos da ajuda do mundo inteiro. Os chineses estão muito preocupados com sua reputação internacional.

Mas não basta apenas conversar. Acolherei de braços abertos pessoas neutras e respeitáveis que tenham livre acesso às áreas afetadas, para que façam uma investigação minuciosa, acompanhadas pela imprensa.

Tanto a China quanto a Índia se tornaram parte da realidade política e espiritual do Tibete. Como Vossa Santidade compara esses países?

SS: As pessoas têm de seguir a modernidade; a democracia não é perfeita, mas é a melhor coisa na época atual, e este é o caminho seguido pela Índia. Aqui neste país, o sul, o norte, o oeste e o leste possuem línguas diferentes, comidas diferentes. Mas com exceção de alguns poucos bolsões, em certa medida, todo o país permanece alegremente unido. Como? Não é pela força. É por conta das leis, da liberdade de expressão e de outros tipos de liberdade. Na Índia existe estabilidade porque até pequenas ocorrências são noticiadas nos jornais. A China, por sua vez, parece um país estável, mas existem ressentimentos subjacentes; trata-se de um estado policial.

No mundo de hoje, o reinado do terror não pode alcançar uma paz duradoura, nem progresso, nem desenvolvimento. A harmonia deve vir do coração, não de uma arma. Como poderemos desenvolver a harmonia e a unidade através da violência? É impossível. Mais terror gera mais dor; é a fonte da desunião. Acho que os líderes chineses deveriam estudar psicologia.

Vossa Santidade se sente decepcionado com a reação do governo indiano a essa crise?

SS: Temos uma visão holística da posição do governo e da população indiana, com quem temos laços emocionais e mentais, apesar do controle físico dos tibetanos pelos chineses.

Cinquenta anos atrás, Pandit Nehru deu início a uma política para os refugiados tibetanos. Todos os governos subsequentes – quer do Partido Bharatiya Janata, quer do Partido do Congresso – seguiram esta política, que engloba uma educação moderna e diversas atividades que visam à preservação e promoção da cultura budista. Graças a isso, temos nossa própria comunidade – e uma comunidade sadia. Temos sido capazes de preservar nossa cultura, religião e nossas tradições. Enquanto a religião budista for preservada, e os tibetanos, assistidos, esta é a maior contribuição que a Índia pode nos dar.

Se nossos rapazes e nossas moças podem gritar hoje, isto se deve em grande parte ao compromisso da Índia com a liberdade de expressão. Outro dia, tive oportunidade de falar aos líderes dos tibetanos que, aqui na Índia, estavam protestando contra os chineses. Disse-lhes que estou pessoalmente comprometido com a democracia e acredito na liberdade de expressão, de movimentação e de pensamento.

Eu não tenho nenhum direito de lhes pedir que se calem, mas tenho a responsabilidade moral de informá-los das consequências de seus atos. Não devemos fazer nada que comprometa seriamente o governo e o povo da Índia, que têm sido tão generosos conosco.

Ao tomar conhecimento dos protestos no Tibete, Vossa Santidade foi citado como tendo dito que "se as coisas saírem completamente do controle eu vou renunciar". Vossa Santidade pode abrir mão das funções temporais/espirituais do Dalai Lama simplesmente assim?

SS: Eu já estou em uma situação de semiaposentadoria, portanto é possível que, dentro em breve, eu renuncie totalmente. Em nossa área política, realizamos eleições a cada cinco anos. Na parte espiritual, uma liderança jovem, saudável e qualificada irá surgir, então não preciso me preocupar. Esses líderes espirituais jovens e qualificados cuidarão do budismo e da cultura budista. Portanto, como velho monge que sou, devo agora dedicar mais tempo à preparação para minha próxima vida, não?

Para os tibetanos em geral, e para o Tibete em particular, Vossa Santidade tem um papel central e importantíssimo, assim como o escritório do Dalai Lama. E quanto ao futuro? Se Vossa Santidade renunciar, o próximo Dalai Lama poderá ser uma reencarnação, ou o senhor escolherá seu sucessor?

SS: Ainda em 1969, declarei que a instituição do Dalai Lama, continue ou não, deve ser decidida pelo povo tibetano. No passado, houve ocasiões em que o líder da época, antes de morrer, escolheu o sucessor que achava mais qualificado e com qualidades de liderança. Portanto, acho apropriado escolher também um jovem e qualificado líder espiritual. Tal como na reencarnação, existem diferentes opções.

Constituímos um grupo de pessoas graduadas, aqui em Dharamsala, para discutir esse assunto. O fator preponderante deverá ser a vontade do povo tibetano. Eu já considerei a ideia de promover um referendo para decidir a questão. Tudo é possível: um conclave, como na Igreja católica; uma mulher; a extinção da instituição do Dalai Lama; ou talvez até dois líderes espirituais, já que o Partido Comunista se arvorou o direito de ser responsável pelas reencarnações.

Por unanimidade, todos me pediram para tomar a decisão final com respeito ao meu sucessor e aos meios de manter viva a instituição. Como monge budista, estou profundamente envolvido no trabalho de preparar minha reencarnação, de modo a servir à humanidade na forma em que eu seja mais necessário. A instituição do Dalai Lama só será importante enquanto servir à causa do povo tibetano.

Uma coisa é clara: se eu reencarnar como o próximo Dalai Lama – caso esta seja a melhor opção para o futuro –, não será na China, com o sistema atual.

Mas eu espero que ainda haja bastante tempo e que eu ainda tenha mais dez ou vinte anos para pensar nas coisas. Se então ainda estivermos no exílio, meu sucessor, presumivelmente, deverá ser encontrado em algum lugar da Índia – certamente será fora do Tibete.

O próximo Dalai Lama poderá ser uma mulher?

SS: A reencarnação tem diversos propósitos, como servir ao darma budista e aos demais seres. Se, para isto, a forma de uma mulher for a mais eficiente, então a reencarnação deverá ser na forma de uma mulher.

Vossa Santidade gostaria de reencarnar como mulher?

SS: Eu pessoalmente? Não sei. Mas a reencarnação do Dalai Lama como mulher é possível. Dentro das tradições budistas, algumas das reencarnações mais elevadas foram de mulheres. Portanto, isto é definitivamente possível.

Vossa Santidade acha que retornará ao Tibete algum dia?

SS: Sou otimista e acho que poderei regressar um dia. Mas se retornar sem algum grau de liberdade não adiantará nada. Quando chegar o dia do meu regresso, quando houver pluralismo, liberdade de opinião e leis, eu não mais desempenharei um papel político, nem mesmo um papel espiritual de destaque. Abrirei mão de toda a minha autoridade histórica em favor do governo local. Devolverei as responsabilidades principais aos tibetanos que vivem no Tibete. Eles conhecem a situação local muito melhor do que eu e têm se esforçado bastante.

Recebo muitas mensagens do Tibete. Os velhos dizem: "Por favor, retorne antes que eu morra"; os jovens dizem: "Precisamos do senhor; o senhor deve viver em um país livre." Então permaneço no exílio, não como líder, mas como livre porta-voz do povo tibetano. Meus verdadeiros patrões são os milhões de tibetanos que vivem no Tibete.

AGRADECIMENTOS

O Dalai Lama ofereceu ao mundo uma filosofia secular de responsabilidade universal que cultiva o altruísmo nascido de uma compreensão da interdependência, dos milhares de meios pelos quais cada um de nós deve sua sobrevivência, seu bem-estar e sua felicidade a milhões de outras pessoas. Este livro se tornou possível graças à pura e indulgente generosidade de espírito, paciência e altruísmo de Sua Santidade, que doou a si mesmo e seu tempo a um aspirante esforçado e ignorante, cuja única qualificação foi ter sido aceito por Sua Santidade como um *chela*. Rezarei eternamente – pois esta parece ser a única esperança – para que possa me mostrar digno da sua confiança. Apenas expressar minha gratidão não é o bastante.

A evolução e a publicação deste livro se devem às muitas qualidades que Sua Santidade desperta em nós e que foram colocadas em prática por muitas pessoas. Meu primeiro encontro com Sua Santidade foi facilitado por Tendzin Choegyal, após o que me pareceu uma série de coincidências, que – sei agora – eram parte de um projeto mais amplo, que ainda terei de decifrar. Rinpoche e sua esposa, Rinchen Khando la, logo se tornaram minha família tibetana, acolhendo-me imediatamente em seu lar e, depois que me casei, acolhendo também minha esposa. Eu costumava ficar com eles durante minhas visitas a Dharamsala para me encontrar com Sua Santidade. Recebi minha iniciação formal de Sua Santidade, sozinho, diante de seu altar pessoal. Rinpoche me serviu de intérprete e guia. Ele tem sido meu Irmão Darma (*Guru Bhai!*), ajudando-me a atravessar as muitas noites escuras da alma. Ele sempre me encorajou e apoiou em meus trabalhos dedicados a Sua Santidade.

Tenzin Geyche Tethong foi secretário pessoal de Sua Santidade por mais de vinte anos. Agora está aposentado. Tenzin Geyche la serviu a Sua Santidade com raro desprendimento, grande dedicação, integridade e discrição. Até recentemente, ele era o meu primeiro contato e facilitava minhas audiências pessoais e formais com Sua Santidade, muitas vezes servindo como tradutor e intérprete. Ele e sua esposa, Chukki la, me acolheram gentilmente quando visitei sua casa.

Sou grato a Chhime Rigzing e a Tenzin Takhla, que agora dirigem o setor de língua inglesa do Escritório de Sua Santidade, por sua ajuda e seu apoio. A tarefa deles não foi fácil, com a sempre crescente escassez de tempo de Sua Santidade. Meus agradecimentos ao Escritório de Sua Santidade, pela permissão de usar extratos de seus materiais e transcrições.

Encontrei-me com Tempa Tsering pela primeira vez no início dos anos 1980, quando ele estava trabalhando no Escritório de Sua Santidade. Seu apoio e entusiasmo pelo meu primeiro projeto dedicado a Sua Santidade – o filme-documentário intitulado *Oceano de Sabedoria*, para a PBS nos Estados Unidos – foram inestimáveis. Mantivemos contato de forma intermitente até mesmo depois que ele deixou sua posição oficial. Nos últimos anos, Tempa la voltou a servir a Sua Santidade como seu representante em Déli. Trabalhar novamente com ele me trouxe grande alegria, encorajamento e apoio.

Meus longos anos de associação com os tibetanos e com a Fundação para a Responsabilidade Universal, obra de Sua Santidade, o Dalai Lama, me puseram em contato com numerosos tibetanos, com quem aprendi muita coisa. Recebi muito afeto e ajuda de todos em minhas viagens espirituais. Desejo agradecer particularmente a Lodi Gyari Rinpoche, à sua esposa Dawa la e a Tashi Wangdin la. Agradeço também ao Venerável Professor S. Rinpoche, ao Venerável Doboom Tulku e ao Venerável Lhakdor – a este último pela permissão de usar extratos de materiais publicados pela Library of Tibetan Works & Archives, da qual ele é diretor.

Meus agradecimentos a Jasjit Purewal, pela reestruturação final e organização do material, para que este pudesse ser lido de forma mais convincente; a Bindu Badshah, pela primeira revisão do texto; a Shalini Srinivas, por cotejar a grande quantidade de material; e a Sudha Chandra por suas sugestões.

Meu profundo agradecimento ao meu editor, Ashok Chopra, da Hay House India, por sua paciência e seu gentil encorajamento, não apenas enquanto lia este livro para a publicação, mas também por me oferecer apoio e confiança para desenvolver novas ideias. Ratika Kapur, da Hay House, foi um revisor meticuloso e teve grande influência neste livro.

Eu não sou escritor profissional. Sem minha esposa e companheira de viagem, Meenakshi Gopinath, ao meu lado, segurando minha mão, jamais teria ingressado nesta estrada. Obrigado, Meenu.

– Rajiv Mehrotra
Curador e Secretário
Fundação para a Responsabilidade Universal
Obra de Sua Santidade, o Dalai Lama
Nova Déli
www.furhhdl.org

FUNDAÇÃO PARA A RESPONSABILIDADE UNIVERSAL
OBRA DE SUA SANTIDADE O DALAI LAMA

"Para enfrentar os desafios de nossos tempos, creio que a humanidade deve desenvolver um sentido maior de responsabilidade universal. Cada um de nós precisa aprender a trabalhar não apenas para si mesmo, para sua família e sua nação, mas em benefício de toda a humanidade. Somos hoje tão interdependentes, tão estreitamente ligados uns aos outros que, sem um sentido de responsabilidade universal, um sentimento de irmandade universal, a compreensão e a crença de que somos parte de uma grande família humana, não teremos esperanças de superar os perigos de nossa existência, muito menos de alcançar a paz e a felicidade."

– Sua Santidade o Dalai Lama

Missão

• Promover a responsabilidade universal de modo a respeitar as diferenças, encorajando a diversidade de crenças e práticas.

• Criar uma ética global de não violência, de coexistência, de generosa igualdade e de paz, promovendo processos de mudança pessoal e social.

• Enriquecer os paradigmas educacionais que utilizam o potencial transformador da mente humana.

Sobre a Fundação

A Fundação para a Responsabilidade Universal, obra de Sua Santidade o Dalai Lama, é uma organização não lucrativa, não sectária e não religiosa fundada com recursos do Prêmio Nobel da Paz obtido por Sua Santidade em 1989. Dentro do espírito que norteia a carta das Nações Unidas, a Fundação reúne homens e mulheres de diferentes credos, profissões e nacionalidades, mediante uma série de iniciativas e colaborações mútuas. O trabalho da Fundação é de alcance global e transcende programas políticos nacionalistas.

"Esta Fundação implementará projetos para beneficiar pessoas em todas as partes, enfatizando principalmente o apoio a métodos não violentos, à melhoria das comunicações entre a religião e a ciência, à garantia dos direitos humanos, à garantia das liberdades democráticas e à conservação e recuperação de nossa preciosa Mãe Terra."

– Sua Santidade o Dalai Lama

A Visão

• Fomentar a celebração da diversidade, o espírito de responsabilidade universal e a compreensão da interdependência entre credos e religiões.

• Apoiar as transformações pessoais de modo a contribuir para os processos maiores de mudança social.

• Desenvolver e apoiar iniciativas de paz e coexistência em regiões onde haja violentos conflitos e inquietação social.

• Encorajar e cultivar o ainsa (não violência), como princípio condutor para a interação entre os seres humanos, e destes com o meio ambiente.

• Oferecer paradigmas inclusivos e holísticos de educação que priorizem o aprendizado experimental, o diálogo intercultural e uma ética global de paz e justiça.

• Criar condições para a resolução de conflitos, promoção dos direitos humanos e defesa das liberdades democráticas através de parceria com grupos da sociedade civil em todo o mundo.

• Explorar novas fronteiras para a compreensão da mente, construindo pontes entre a ciência e a espiritualidade.

• Apoiar o desenvolvimento profissional de futuros líderes e dirigentes mediante bolsas de estudos.

• Criar produtos jornalísticos e educacionais que promovam os objetivos da Fundação.

S.S. o Dalai Lama, Secretário
Rajiv Mehrotra, Curador/Secretário
Fundação para a Responsabilidade
Universal, obra de S.S. o Dalai Lama
India Habitat Centre, Core 4 A
Lodi Road, Nova Déli 110013
Índia

www.furhhdl.org
Tel.: 91-11-2464845

SOBRE O DALAI LAMA

Sua Santidade o Dalai Lama (Tenzin Gyatso) é o 14º e atual Dalai Lama. Nascido no dia 6 de junho de 1935, ele foi o quinto de 16 filhos de uma família de fazendeiros na província tibetana de Amdo. Quando completou dois anos de idade, foi anunciado que ele era o *tulku* (renascimento) do 13º Dalai Lama. Aos 15 anos de idade, foi proclamado chefe de Estado do Tibete e o mais importante dirigente político do país, justamente quando este se deparava com a ocupação pelas forças armadas da República Popular da China.

Depois do colapso do movimento de resistência tibetana em 1959, o Dalai Lama se refugiou na Índia, onde teve um papel ativo no estabelecimento da Administração Central Tibetana (o governo exilado do Tibete), na busca pela preservação da cultura de sua nação e na educação dos milhares de refugiados que o acompanharam no exílio.

Figura carismática e notável orador, Sua Santidade é o primeiro Dalai Lama a viajar para fora da Ásia. Ele ajudou a disseminar o budismo e a promover os conceitos de responsabilidade, ética secular e harmonia religiosa no Ocidente. Em 1989, recebeu o Prêmio Nobel da Paz por seus escritos e sua liderança na resolução de conflitos internacionais, assuntos relacionados aos direitos humanos e problemas globais do meio ambiente.

SOBRE RAJIV MEHROTRA

Rajiv Mehrotra é aluno particular do Dalai Lama há mais de vinte anos. É também secretário e curador da Fundação para a Responsabilidade Universal, fundada por Sua Santidade o Dalai Lama. Atua como juiz do Prêmio Templeton para a Religião e tem discursado em sessões plenárias do Fórum Econômico Mundial, que o elegeu Líder Global do Amanhã. Seus livros incluem *A Mente do Guru*, *Entendendo o Dalai Lama* e *Thakur*, uma biografia do místico Sri Ramakrishna. Além disso, é apresentador do mais antigo programa de entrevistas da televisão pública indiana.

Conheça mais sobre nossos livros e autores no site
www.objetiva.com.br

Disque-Objetiva: (21) 2233-1388

markpress BRASIL

TEL.: (11) 2225-8383
WWW.MARKPRESS.COM.BR